FELIX EIDNER & LENI GLAPA

Cacao Ritual

Zeremonien,
die das Herz öffnen

Inhalt

TEIL 1

Kakao lieben 6

TEIL 2

Kakao verstehen 26

TEIL 3

Kakao erfahren 64

12 Kakaorituale für das ganze Jahr 88

12 Kakaorituale für jeden Tag 138

TEIL 1

KAKAO lieben

Einleitung

Ein Jahrtausende altes Ritual kehrt zurück. Die alten Völker Süd- und Mittelamerikas nutzten den Kakao als Heilpflanze und für ihre Zeremonien. Heute zelebrieren viele Menschen wieder den Kakao. Du kannst rituellen Kakao zum Yoga und zum Meditieren trinken, zum Tanzen und Kreativsein. Du kannst an geführten Kakaozeremonien auf Festivals, bei Events in deiner Stadt und bei Retreats teilnehmen. Oder du trinkst den Kakao einfach zum Entspannen und für den Genuss. Du kannst deine Kakaorituale auch zu Hause durchführen, sei es für dich allein oder gemeinsam mit einem Herzensmenschen oder in einer Gruppe. Es ist die herzöffnende Wirkung, die ursprünglichen Kakao so beliebt macht!

Warum ist das so? Was ist das für ein Kakao? Woher kommt er? Wie wirkt solch ein Kakao genau? Was hat es mit Kakaoritualen auf sich? Wie kann ich Kakao in meinem Leben anwenden?

Die Antworten erhältst du in diesem Buch. Wir möchten mit dir unsere langjährigen Erfahrungen als Veranstalterin und Veranstalter von Kakaoritualen teilen. Wir laden dich ein, die vielfältigen Wirkungen des Kakaos kennen- und lieben zu lernen.

Was ist ritueller Cacao?

Wenn wir mit Menschen sprechen, die noch nie etwas von rituellem Kakao oder *Ritual Cacao* gehört haben, können wir diese Frage förmlich durch den Raum schweben sehen. Kakao ist eben nicht gleich Kakao.

Das, was wir heute in der westlichen Welt meistens unter Kakao verstehen und kennen, ist ein süßes und nicht gerade gesundes Pulver. Dieses hat so gar nichts mit der ursprünglichen Pflanze zu tun. Denn die ist sowohl für unseren Körper als auch für unseren Geist sehr gesund und hat eine öffnende Wirkung.

Wir sind beide eher durch Zufall auf die traditionelle Form von Kakao gestoßen, die eine lange Geschichte und eigene Kultur hat. Viele Legenden und historische Begebenheiten ranken sich um das *braune Gold*. Nicht nur in früheren Zeiten sprach man so wertschätzend von dem Kakao, auch heute wird er noch so genannt. Dabei geht es um Kakao allgemein und nicht nur Kakao in Form eines Getränks.

Die Faszination, die der Kakao in uns ausgelöst und die uns gepackt hat, lebt seither unverändert in uns. Wir wollen diese Faszination und vor allem die Heilkraft von Kakao wieder zurück in unsere moderne

Gesellschaft bringen. Wir wollen ein Bewusstsein für den Ritual Cacao schaffen – dieses wundervolle pflanzliche Getränk, das viel zu lange in Vergessenheit geraten war. Wir möchten dir mit diesem Buch einen Einstieg geben; es soll dich inspirieren, mit Kakao tiefer zu gehen, und dich dazu anregen, dich selbst immer mal wieder mit einer Tasse Kakao zu verwöhnen.

Wir wollen dir einen Einblick in die Inhaltsstoffe und die Wirkung von Kakao geben und dir zeigen, woher die Tradition, die auch uns so fasziniert, eigentlich stammt. Wie kam es dazu, dass der so hochgeschätzte Kakao an Wert verlor? Welche Bedeutung hatte er tatsächlich, von der heute kaum noch jemand etwas weiß? Welche Inhaltsstoffe rufen bestimmte Wirkungen hervor und wie kannst du Kakao zubereiten und für dich bei dir zu Hause nutzen?

Wir wollen Kakao allen Menschen zugänglich machen, auch denen, die vielleicht nicht so viel mit Spiritualität anfangen können, aber dennoch offen für Kakao als natürliches Heilmittel oder ganz besonderes Genussmittel sind.

Folge deinem Herzen

Möchtest du uns erst ein wenig kennenlernen, bevor du mit uns den rituellen Kakao entdeckst? Auf den nächsten Seiten erzählen wir über unseren eigenen Weg zum Kakao und über unser Warum. Danach geben wir dir einen Einblick in die Tradition und Herkunft des rituellen Kakaos und wesentliche Informationen über die verschiedenen Kakaosorten und die vielfältigen Wirkungen dieses Superfoods.

Im Teil 3 beschreiben wir 24 Kakaorituale: Die zwölf Zeremonien, die wir für den Jahreslauf ausgewählt haben, solltest du natürlich möglichst zu den entsprechenden Zeiten durchführen. Du musst nicht alle Rituale zelebrieren, doch vielleicht möchtest du eine Reise mit dem Kakao durch das Jahr machen? Dein Kakao-Jahr kann jederzeit beginnen.

Außerdem beschreiben wir zwölf Zeremonien, die dich jederzeit unterstützen können. Bei der Auswahl des gerade heute für dich passenden Rituals empfehlen wir dir, deinem Herzen zu folgen und es entscheiden zu lassen, welches Ritual gut für dich ist.

Du kannst auch direkt einsteigen und mit einer Ritual-Erfahrung beginnen. Bitte lies zuvor die Anleitung und die Tipps im Abschnitt »Kakao in deinem Leben« ab Seite 66.

Noch zwei Hinweise: Wir schreiben Kakao mit K, außer wenn wir von unserem *Ritual Cacao* sprechen.

Alle gesundheitsbezogenen Angaben in diesem Buch sind von uns sorgfältig geprüft. Dennoch wird eine Haftung ausgeschlossen und bei Erkrankungen empfohlen, sich an medizinische Fachleute zu wenden.

Ritual Cacao findet dich!
Wenn du bereit dafür bist,
dich deinem Inneren und
deinem Herzen zu öffnen,
wird diese besondere Pflanze
einen Weg in dein Leben finden
und dieses
für immer verändern.

Unsere Geschichte

Mein Name ist Leni. Was mich letztlich zum Kakao gebracht hat, hängt sicher mit meiner Familie zusammen: Meine Eltern waren sehr freiheitsliebend und ziemlich chaotisch. Mein Vater war Künstler. Er starb, als ich sechs war. Ich wirke vermutlich nicht so unorganisiert, wie meine leiblichen Eltern es waren. Das hat wohl viel mit meinem Stiefvater zu tun, mit dem meine Mutter nach dem Tod meines leiblichen Vaters zehn Jahre zusammenblieb. Sie hatte sich das komplette Gegenteil zu sich selbst und zu meinem Vater gesucht. Der Blick meines Stiefvaters auf Ordnung, Disziplin und Bodenständigkeit prägte mich sehr. Das zeigte sich unter anderem in meinem Studium: Ich entschied mich für Eventmanagement und BWL. Zu BWL riet mir mein Stiefvater. Er war der Ansicht, ich solle neben Eventmanagement einen Studiengang wählen, der mich absicherte. Lange Zeit habe ich mich gefragt, ob mir das so viel gebracht hat. Heute, mit eigener Firma und den unternehmerischen Entscheidungen, die wir treffen müssen, macht im Gesamtbild alles einen Sinn. Wenn ich heute im Kreis von Freund*innen meine Geschichte erzähle, nicken die meisten: »Aha, jetzt verstehe ich, warum du so bist, wie du bist.«

Nach dem Studium arbeitete ich eine Weile im Eventbereich, doch ich empfand es meistens als eine ziemlich trockene Angelegenheit. Ich hatte immer das Gefühl, dass es das nicht gewesen sein konnte. Auch wenn ich bis dahin eher kontrolliert gelebt hatte, meine Gefühle nicht sehr auslebte und Ereignisse damals wenig verarbeitete, war immer der Drang nach Freiheit da. Ich wusste intuitiv, dass es noch mehr geben musste. Etwas, das mich wirklich glücklich macht.

Es kam der Tag, an dem ich dieser Ahnung Platz machte und dem Freiheitsstreben nachgab: Ich kündigte meinen Job, ohne einen anderen Plan zu haben, und ging erst mal zehn Tage meditieren! Ich hatte bis dahin keinerlei Erfahrungen damit. Mein Cousin hatte mir von *Vipassana* erzählt und gemeint, ich solle das mal ausprobieren. Ich dachte mir, okay, so schwer kann das nicht sein, das bisschen Rumsitzen und Atmen. Doch es war eine ziemlich große Herausforderung – und gut für mich. Ich kam wieder in Verbindung zu mir selbst und meinen Gefühlen, die ich lange Zeit beiseitegeschoben hatte.

In einer Sitzung dort hatte ich die Eingebung, in naher Zukunft ein spirituelles Zentrum zu leiten. In dem Moment hatte ich keine Ahnung, was mir das sagen und was ich jetzt mit diesem Gedanken machen sollte. Ich nahm ihn also einfach hin und mit. Ich dachte, wenn es so sein soll, wird sich sicherlich etwas ergeben. Und so war es auch.

Ich kam schließlich im *Spirit Berlin* an, einem Verein, der auch entsprechende Events anbot. Dort organisierte ich die verschiedenen Veranstaltungen und dabei kam ich das erste Mal in Kontakt mit Kakao und den entsprechenden Ritualen. Ganz ehrlich: Ich kann es total verstehen, wenn jemand skeptisch gegenüber der Wirkung ist. Das war ich anfangs auch. Mich brachte eher meine Neugier dazu, es einfach einmal auszuprobieren.

Es kam völlig unerwartet: Ich spürte schnell eine körperliche Reaktion. Als ob ich aufmachen würde. Ich erfuhr erstmals die herzöffnende Wirkung des Kakaos. Etwas in mir, das ich lange zurückgehalten hatte, brach auf. Ich begann zu weinen. So wurde mir bewusst, dass es ziemlich viel bei und in mir gab, das bearbeitet werden wollte und durfte. Fortan nutzte ich Kakao genau dafür: wieder zu fühlen und schließlich viele alten Wunden zu heilen.

Kakao war und ist meine Medizin. Die Medizin für mein Herz und meine Seele – und so auch für meinen Körper. Etwa zwei Jahre lang nutze ich den Kakao vor allem für mich selbst. Mehrere Male reiste ich nach Hawaii, und ich war fasziniert von der dortigen Kultur rund um Kakao. Ich machte meine Erfahrungen, bis ich schließlich fand, dass die Wirkung noch mehr Menschen zugänglich gemacht werden sollte. »Da ich schon in einem spirituellen Zentrum arbeite und dort Veranstaltungen organisiere, kann ich das doch für mich nutzen«, dachte ich. Ich suchte mir Lücken im Veranstaltungskalender und begann, meine eigenen Events und Rituale zu geben. Eines Tages war Felix bei einem der Rituale anwesend, ein sympathischer Mann, der im Bereich Umweltmanagement tätig war.

Hi, ich bin Felix! Zu meinem ersten Kakaoritual im Eventzentrum Spirit Berlin brachte mich ein Freund. Ich hatte bis dahin wenig Kontakt zur spirituellen Szene in Berlin, aber er meinte, ich solle mal mitkommen. »Nimm dir Zeit von 17 bis 21 Uhr und lass dich einfach darauf ein.«

Als wir dort ankamen und die Veranstaltung als »Kakao & Kuscheln« angekündigt wurde, stiegen in mir Vorurteile auf. Doch mein Freund meinte: »Ach, das wird gut, probiere es aus!«

Ich machte also mit. Leni führte uns, während wir in der Gruppe Kakao tranken, durch eine sehr schöne Meditation. Ich meditierte damals schon längere Zeit für mich selbst und konnte das daher gut annehmen und mich darauf einlassen.

Überraschenderweise schrieb mir Felix, als ich auf Hawaii war. Er war so beeindruckt von dem Kakaoritual, dass ihn die Erfahrung selbst Tage danach nicht losließ und er unbedingt in Kontakt mit mir kommen wollte. Zurück in Deutschland trafen wir uns und er half mir, meine Webseite aufzubauen und professioneller zu gestalten. Doch schon bald erkannten wir, wie sehr uns unsere Faszination für den Kakao verbindet, und wir entschieden uns, gemeinsam Kakao in die Welt zu tragen.

Aktivismus prägte lange mein Leben und meine Entscheidungen: Es gab einen Moment in meinem Leben, da wusste ich, dass ich in dieser Welt einen Impact haben will. Die Welt, wie sie ist, kann ich nicht akzeptieren oder ignorieren. Mit etwa 15 begann ich, mich für den Umweltschutz einzusetzen. Ich wurde Vegetarier und trat Greenpeace bei. Ich wollte vieles herausfinden und machen, um mir eine eigene Meinung zu bilden. Ich wollte meinen Horizont erweitern und die Welt kennenlernen. Meist nur mit einem Rucksack reiste ich monatelang durch Indien, die Philippinen, Venezuela, Kenia und einige andere Länder. Ich selbst war glücklich, aber wenn ich sah, was andere Menschen vor allem mit unserem Planeten tun, ließ mir das keine Ruhe.

Ich habe Umweltmanagement studiert, lange im Umweltbereich gearbeitet und acht Jahre eine eigene Firma geführt. Mit allen Widerständen, kleinen Schritten und großen Sprüngen und allem, was dazugehört, und mich letztlich sehr aufgerieben hat. Ich fragte mich, was ich machen würde, wenn es keine Umweltprobleme gäbe, und wollte mir selbst als Person wieder mehr Raum geben. So bin ich in die Start-up-Welt eingetaucht, vor allem in den Bildungsbereich, in dem ich schließlich ein eigenes Start-up gegründet habe. Dabei habe ich zwar viel gelernt, aber es ging voll in die Hose! Tja, und dann?

Dann kam Kakao. Das Ritual von und mit Leni war nur der erste Schritt. Wie schon immer meinem Leben folgte ich dem, was mich begeisterte.

Kakao passt wunderbar in meine Geschichte und meinen Wunsch, etwas zu bewirken in dieser Welt: Ich habe erkannt, dass die transformierende Kraft des Kakaos gelebte Liebe ist und so die größte Wirkung hat. Mit Verstand etwas ändern zu wollen, argumentativ vorzugehen, wenn man beispielsweise zu erklären versucht, warum es nicht so cool ist, Tiere zu essen und im Dunkeln einzupferchen, ist oft schwierig. Du bist mit deinen Argumenten oft eines von vielen in den Köpfen der Menschen. Aber ein Gefühl ist etwas anderes. Da gibt es nur »ja« oder »nein« – zum Beispiel das Gefühl »Nein, ich kann und will keine Tiere mehr essen«. Wenn man Menschen berührt und Herzen öffnet – das Organ, mit dem wir Empathie empfinden und durch das wir mit anderen verbunden sind –, dann hat das einen viel größeren Einfluss als Argumente. Kakao bringt uns zu unserer eigenen Erfüllung.

Kakao passt zu meinem heutigen Begriff der gelebten Liebe, weil er mein Herz öffnet. Und auch ganz persönlich passt er zu mir, denn ein Teil meiner Familie lebt in Venezuela. So habe ich bereits im Kindesalter Kakao kennengelernt. Ich hatte die Kakaobohnen in meinen Händen und roch den Duft. Als ich neugierig eine Bohne in den Mund steckte und abbiss, durchfuhr mich sofort der bittere Geschmack des ursprünglichen Kakaos. Das war ein ganz anderer Zugang, als Kinder diesen meistens bekommen – in Form von süßem Kakao und Schokolade aus dem Supermarktregal. Mir sagte meine Familie damals einfach, das Getränk sei sehr stark, ich solle nicht so viel Kakao trinken.

Als Leni und ich uns dann nach Kakao umschauten, achtete ich darauf, wo der Kakao herkommt und wie wir den Transport möglichst CO^2-neutral organisieren können. Auch die Auswahl der Bauern war für mich ein wichtiger Aspekt. Und mit jedem Schritt, den wir gehen, wollen wir nachhaltiger werden.

Felix und ich konzentrierten uns zuerst vor allem auf Events und Rituale, dann gingen wir auch weiter in Richtung des Verkaufs von Ritual Cacao, was ich ja ohnehin schon nebenher machte. Es war und ist unser Anliegen, diese Tradition hier wieder mehr zu stärken. So entstand nach und nach unser Unternehmen und cacaoloves.me wurde immer größer und bekannter.

»Wo kann ich denn mehr über die Wirkung, die Herkunft und Tradition des Kakaos erfahren?«, wurden wir immer wieder von Teilnehmer*innen an unseren Veranstaltungen gefragt. Tatsächlich konnten wir beide darauf keine Antwort geben – und beschlossen, selbst eins zu schreiben. Und hier ist es nun!

Die Transformation der Menschheit

darf aus dem Herzen kommen –

dem Sitz der Seele.

Denn im Herzen fühlen wir.

Hier gehen wir in Verbindung, verlieben uns,

hier trauern wir, freuen uns,

hier vergeben wirund von hier aus heilen wir.

Wo sonst könnte der Wandel hin zu einer bewussten

und mitfühlenden Welt stattfinden,

wenn nicht im Herzen?

Unser Warum

Immer wieder werden wir nach unserer Vision gefragt. »Warum macht ihr das? Worum geht es euch?« Für uns beide ist es im Laufe unseres Lebens wesentlich geworden, uns Zeit für unser Inneres zu nehmen. Hierfür haben wir Kakao als ein starkes und berührendes Hilfsmittel entdeckt, und das müssen wir einfach mit euch, mit vielen Menschen teilen.

Unserer Meinung nach beginnt alles in uns selbst. Egal, ob Positives oder Negatives. Sobald wir verstanden haben, wie wir uns wirklich mit uns verbunden fühlen können, wirkt sich das auf alle Bereiche unseres Lebens aus.

Dieses Wissen und die Erfahrungen, die wir selbst machen konnten, möchten wir teilen. Wir möchten mehr Menschen die Möglichkeit geben, ebenfalls diese Erfahrung zu machen. Einen Teil in sich zu entdecken, der bislang nicht entdeckt werden konnte.

Cacaoloves.me steht für diese Verbindung, die wir schaffen. Die Verbindung im Innen und im Außen.

Wir möchten Menschen und so auch dich dabei unterstützen, einen tieferen Zugang zu deinem Herzen und deinem Inneren zu bekommen. Darüber hinaus wollen wir dafür sorgen, dass sich Menschen miteinander verbinden, die danach streben, im Einklang mit sich, mit der Natur und mit anderen zu leben. Menschen, die sich gegenseitig unterstützen und bereit sind, Eigenverantwortung zu übernehmen. So kann ein Miteinander entstehen, in dem es sicher ist, sich zu fühlen und sich zu zeigen, mit all den eigenen Verletzungen, Schwächen und auch Stärken.

Wir nennen das, was so geschaffen wird, ein Miteinander auf Herzenshöhe. Hierfür nutzen wir die transformierende Kraft von Kakao und Ritualen. Mit deren Hilfe begleiten wir neugierige und mutige Menschen auf ihrem persönlichen Weg der Selbsterkenntnis. So fördern wir deren Selbstermächtigung und ermutigen sie, die eigene Wahrheit und Herzensenergie mit der Welt zu teilen.

Cacaoloves.me bedeutet: Cacao liebt dich und möchte dich deshalb in jeglicher Lebensphase begleiten und unterstützen. Wir leben die Werte, die wir lehren.

Zugleich befinden wir uns bei manchen Dingen ebenfalls weiterhin auf dem Weg und erlauben uns, immer weiter zu hinterfragen, zu wachsen und gegebenenfalls auch Korrekturen vorzunehmen. Wir dürfen uns verändern, müssen nicht perfekt sein, um unsere Wahrheit zu teilen.

Rituale können bei diesem Prozess helfen. Wir machen selbst Rituale und teilen diese mit anderen, weil wir davon überzeugt sind, dass dieses kraftvolle Tool uns etwas gibt, was in der heutigen Zeit immer seltener geworden ist: die Möglichkeit anzukommen. Anzukommen in uns selbst, anzukommen mit anderen Menschen. Der Kakao und die Kakaorituale ermöglichen uns, andere Menschen wirklich wahrzunehmen. Nicht oberflächlich über ihr Aussehen oder ihren beruflichen Status. Sondern sie und einander im Kern zu begegnen.

Im Ritual verbindest du dich bewusst mit etwas Größerem. Du verlässt deinen gewohnten Raum, den physischen Raum sowie den innerlichen, und öffnest dich für mehr Möglichkeiten, die das Leben zu bieten hat.

Wir brauchen Übergangsrituale

Schon vor Tausenden von Jahren wurden mit Ritualen Lebensübergänge zelebriert und besondere Ereignisse gefeiert. In vielen indigenen Völkern war Kakao dabei ein fester Bestandteil.

Heute kennt man Rituale und Zeremonien nur noch zu besonderen Anlässen wie Verlobung, Hochzeit, Taufe, Einschulung, Abschlussfeiern usw. Leider sind viele andere Traditionen, die es auch bei uns gab, nach und nach verschwunden. Das ist unserer Meinung nach mit ein Grund, warum bei vielen Menschen so viel Verwirrung und Sehnsucht herrscht. So wird beispielsweise das Mädchen, das zur Frau wird, nicht mehr feierlich in einen Kreis von Frauen aufgenommen, um ihre erste Menstruation zu feiern. Auch die heranwachsenden Männer suchen sich ihre Anker im Internet statt real im Kreise erwachsener Männer.

5 Vorteile von Ritualen und warum wir sie so lieben

Rituale
helfen uns, unseren Alltag zu verlassen und bewusst in einen neuen Raum einzutauchen, in dem so viel mehr möglich ist.

Rituale
helfen uns in Übergangszeiten von dem einen in den anderen Lebensabschnitt, da wir damit bewusst die Veränderung willkommen heißen.

Rituale
sind die Brücke zwischen der fein- in die feststoffliche Welt.

Rituale
holen uns vom Denken ins Spüren und stärken somit die Verbindung zu unserem Inneren.

Rituale
geben uns die Möglichkeit, langsam und still zu werden, um so die Dinge zu spüren, die gerade wirklich wichtig sind.

Nun kennst du unsere Geschichte und unser Warum und weißt auch, warum wir Rituale als so kraftvolle Tools erachten und uns sehr freuen, dir in diesem Buch insgesamt 24 Rituale zu reichen. Du kannst, wenn du gerne gleich eine Erfahrung mit einem Kakaoritual erleben möchtest, nun zu Teil 3 weitergehen, die Hinweise ab Seite 60 für die Durchführung eines Rituals lesen und dann vielleicht das geführte Kakaoritual zum Einstieg, das wir auf Seite 86 anbieten, wahrnehmen. Oder lass uns dir zuvor noch die Geschichte des Kakaos und einiges über seine Wirkung erzählen: Was steckt hinter dem Kakao? Und wie wurde er in den letzten Jahrhunderten verwendet? Warum verschwand er vom Markt? Was können wir heute aus seiner Geschichte lernen? Und wie wirkt diese wundervolle Frucht, wenn wir sie als Getränk zu uns nehmen, auf unseren Körper und Geist?

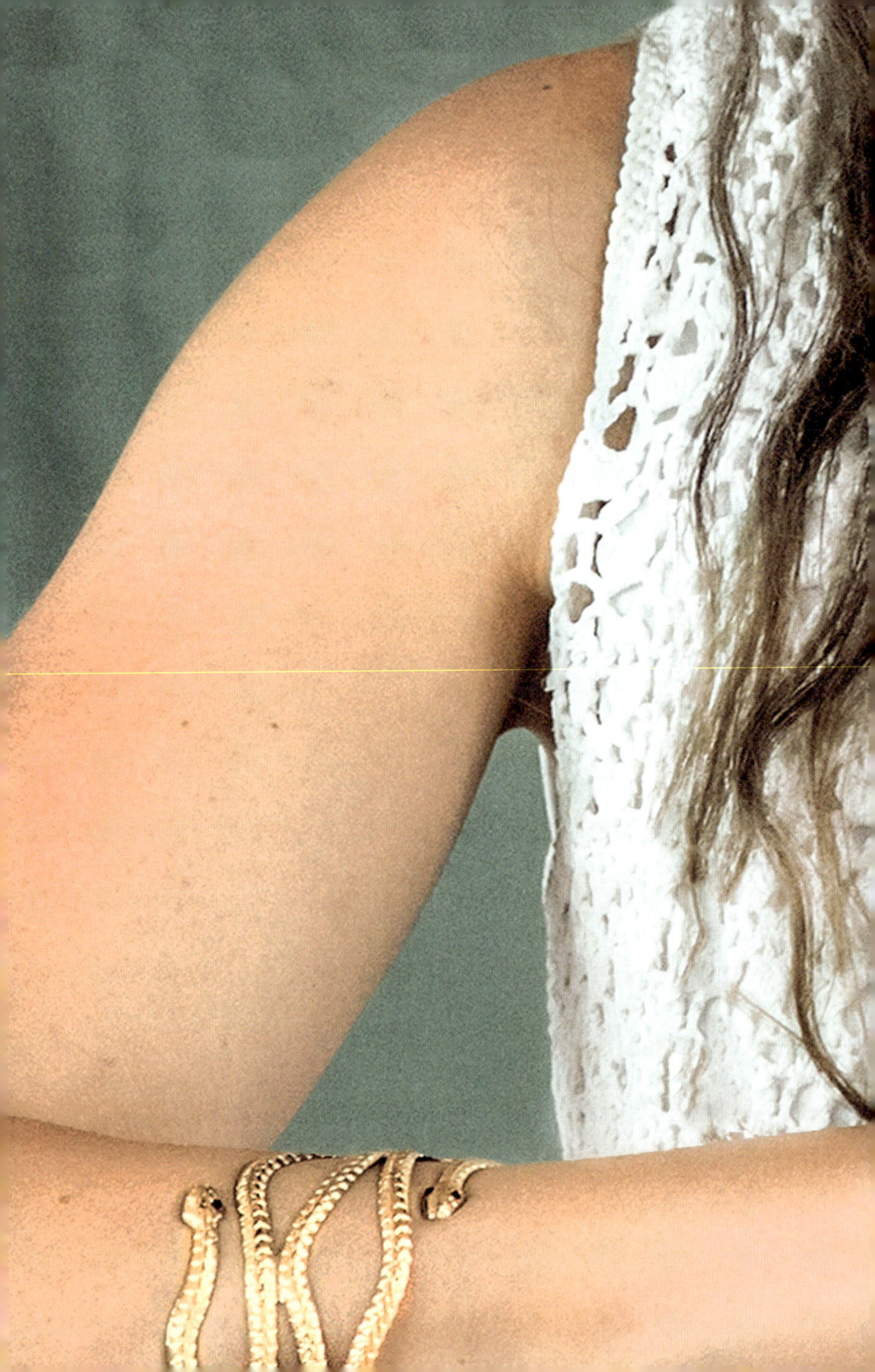

TEIL 2

KAKAO verstehen

Tradition und Herkunft

Die Faszination, die Kakao in sich trägt, liegt in einer Vielzahl an historischen An- und Verwendungen sowie in Legenden und Geschichten, die sich um die einst sehr wertgeschätzte Bohne ranken. In früheren Zeiten galt Kakao als Trank der Göttinnen und Götter.

Kakao hat eine Jahrtausende alte Geschichte und er war und ist weltweit traditioneller Bestandteil vieler Kulturen: Von den Ureinwohnern Mittel- und Südamerikas verehrt als Göttertrunk, von aztekischen Soldaten als Wachmacher verwendet, von europäischen Mönchen zum Fasten getrunken, in der heutigen Zeit geschätzt als Genussmittel und – in Form hundertprozentiger Kakaomasse – als Ritual Cacao.

Kakao & Cocoa & Ritual Cacao

Die ersten Aufzeichnungen über Kakao finden sich bereits 3500 v. Chr. Aus dieser Zeit wurden in Ecuador Keramikgefäße mit Kakaoresten gefunden. 1500 v. Chr. sollen die Olmeken mit dem Anbau von Kakao begonnen haben. Circa 1000 Jahre später entdeckten auch die Maya diese Wunderpflanze für sich.

Die Azteken waren schließlich diejenigen, die das Wort »xocolatl« zur Bezeichnung eines Getränks nutzten. Die genaue Übersetzung hierfür lautete »bitteres Wasser« (xócoc = bitter, atl = Wasser). Zudem finden sich Aufzeichnungen zum Kakao in der bedeutendsten Sprache Mittelamerikas, in Nahuatl: Die Nahua-Völker nannten die Kakaobohne »kakawa–kwawatl« oder verkürzt »kakawa«. Ursprünglich war das Kakaogetränk nämlich nicht gesüßt, sondern ein bitteres Getränk mit starker Wirkung. Erst die Spanier bereiteten eine süße Schokolade zu, indem sie Zucker und Honig hinzufügten.

Die Spanier lernten das Getränk aus Kakao von den Maya kennen, welche es »chocol haa« nannten, übersetzt »heißes Schokoladenwasser«. Es wird davon ausgegangen, dass die spanische Bezeichnung »chocolate« entstanden ist, indem man das Maya-Wort »chocol«, übersetzt »heiß«, mit dem aztekischen Wort »atl« für »Wasser« zusammenfügte. Die Endung auf »tl« kommt aus der Sprache der Azteken. Die Spanier konnten oder wollten das »tl« nicht aussprechen und so wurde aus »chocolatl« schließlich »chocolate«.

Das uns bekannte Wort »Kakao« ist im mittelamerikanischen Nahuatl zu sehen, wo es ursprünglich »kakawatl« beziehungsweise »cacauatl« hieß. Nahuatl, das auch als Aztekisch bezeichnet wird, war die Sprache der Azteken. Tlaxcalteken und Tolteken wird heute von etwa 1,5 Millionen Menschen vor allem in Mexiko gesprochen.

Die ursprüngliche Form des Kakaos wurde im Lauf der Zeit fast vergessen. Erst durch die Industrialisierung kam es dazu, dass mehr und mehr Kakao angebaut wurde. Kakao wurde immer bekannter und so stieg auch die Nachfrage nach der besonderen Frucht. In vielen europäischen Kolonien wurden Sklaven für den Anbau und die Ernte eingesetzt. Kakao war leichter verfügbar, verlor an Wert und wurde so nach und nach zur Massenware. In dieser überall verfügbaren Form kennen wir Kakao, das süße Kindergetränk, heute in der Regel.

Die Kommerzialisierung der Kakaobohne

Durch die große Beliebtheit von Schokolade sowie deren Kommerzialisierung als Süßigkeit und Genussmittel in den letzten 200 Jahren wurde die ursprüngliche Form des Kakaos fast vergessen. Für die Tafel Schokolade, wie sie in unseren Supermarktregalen liegt, werden so ziemlich alle gesunden Stoffe aus dem Kakao entfernt, um sie weniger bitter zu machen. Bis zu 99 Prozent der wirksamen Stoffe fehlen in handelsüblichen Schokoladen. Selbst wenn du Fairtrade-Bio-Kakao kaufst, ist dieser meist aus gezüchteten und hybridisierten, also zwei miteinander gekreuzten Sorten. Das, was wir unter Kakao verstehen, ist daher etwas ganz anderes als die normal zu kaufende Schokolade oder das Kakaogetränk. Damit hat unser Ritual Cacao nichts zu tun: Bei dem üblichen Kakaogetränk handelt es sich nur um ein Kakaomischgetränk mit viel Zucker und wenig Kakao. Der wenige Kakao, der noch enthalten ist, ist Kakaopulver. Das bedeutet, dass dem Kakao die Kakaobutter extrahiert wurde.

Ritual Cacao hingegen besteht aus 100 Prozent Kakaomasse einer reinen Edelkakaosorte, welche schonend verarbeitet wurde. Eine einheitliche Definition gibt es hier nicht. Deswegen lohnt es sich, genau hinzuschauen, was für Kakao dir als Ritual Cacao angeboten wird.

Uns ist schon oft die Frage begegnet, ob Ritual Cacao eigentlich roh sein müsse. Vorab: Was ist eigentlich mit roh gemeint? – Als roh dürfen in Deutschland Lebensmittel bezeichnet werden, die in ihrem gesamten Verarbeitungsprozess nicht über 42 Grad erhitzt wurden. Unserer Meinung nach ist ein schonendes Verarbeitungsverfahren mit nicht zu starker Hitzezufuhr wichtig für den Ritual Cacao. Ob die Temperatur genau bei 42 Grad liegen muss, um eine gute Qualität sicherzustellen, bezweifeln wir. Dennoch hat sich um dieses Thema ein großer Kult aufgebaut und weitere Bezeichnungen wurden eingeführt, um Rohkakao von normalem Kakao zu unterscheiden.

So entstand das Wort »Cocoa«: Es ist die Bezeichnung für fermentierte und getrocknete Kakaobohnen und wird auch für Produkte, die daraus hergestellt werden, wie zum Beispiel »cocoa powder« (Kakaopulver), »cocoa butter« (Kakaobutter) verwendet. Demnach wird das Wort »Cocoa« von einigen für verarbeiteten Kakao und das Wort

»Cacao« für Rohkakao benutzt. Da dies aber auch nicht wirklich richtig ist und viele diesen sprachlichen Unterschied nicht machen, empfehlen wir, besser direkt zu prüfen, woher der Kakao kommt, und möglichst viel über den Verarbeitungsprozess in Erfahrung zu bringen.

Mit unserer Schreibweise »Ritual Cacao« unterscheiden wir uns klar von all den Kakao-Massenprodukten. Zudem wählen wir eine Schreibweise, die in unsere heutige Zeit passt. Für uns ist ganz klar, dass Ritual Cacao mit C für Kakao mit hoher Qualität und die extra Portion Herzöffnung steht, die uns so wichtig ist. Denn Ritual Cacao ist für uns viel mehr als nur ein Genussmittel, nämlich eben vor allem eine Medizin für die Seele und das Herz. Die positive Auswirkung, die Kakao auf unseren Körper und unsere Psyche hat, ist Gold wert.

Die Speise der Göttinnen & Götter

In der frühen Zeit, lange vor der Massenproduktion, aus der auch das Wort seinen Ursprung hat, hatte Kakao einen sehr hohen Stellenwert und wurde lange als Zahlungsmittel sowie für religiöse Rituale benutzt. Bei den Azteken galt Kakao als heilig und wurde als Geschenk des Gottes Quetzalcoatl verehrt.

Der Legende nach stahl der gefiederte Gott des Windes eine Kakaobohne aus dem Himmel und pflanzte sie in die Erde. Ein Baum wuchs daraus und trug bald Kakaofrüchte, aus denen ein magisches Getränk zubereitet wurde. Dieser Trank wurde den Menschen gereicht, um sie wacher und stärker zu machen. Denn Quetzalcoatl wollte die Menschen dazu bringen, ihm zu Ehren einen Tempel zu errichten.

Die Azteken, wie viele andere Völker, schauten zu den Sternen, in denen ihre Gottheiten ebenso wohnten wie in der Erde. Sie erschufen Tempel und Pyramiden, um ihren Göttern näher sein zu können. Kakao hatte dabei einen besonderen Status inne, vor allem als rituelles Getränk.

Für viele Völker in Süd- und Mittelamerika galt Kakao von jeher als heilige Pflanze, welche auch als Opfergabe für Götter und Könige verwendet wurde und oft nur den Privilegierten vergönnt war. Auch in Europa war die importierte Kakaobohne über eine längere Zeit ein Luxusgut. Der schwedische Naturforscher Carl von Linné (1707–1778) gab dem Kakaobaum den lateinischen Namen »Theobroma«, zusammengesetzt aus »Theos« für »Gott« und »Broma« für »Speise« und übersetzt also »Speise der Götter«.

Theobromin heißt auch der Inhaltsstoff des Kakaos, der für die belebende Wirkung verantwortlich ist. Im 19. Jahrhundert konnte man Kakao in den europäischen Apotheken auch tatsächlich als Medizin kaufen.

Noch heute spielt Kakao für viele Völker eine besondere Rolle. Beispielsweise für die Bribri in Costa Rica ist Kakao integraler Begleiter ihres Alltags. Die Kinder und die Alten: alle trinken täglich Kakao. Die Neugeborenen werden nach der Geburt in Kakao gewaschen, und Tote werden zuletzt mit Kakao eingerieben.

Für das Volk der Kuna in Panama stellen fünf Tassen Kakao über den Tag verteilt eine der Hauptmahlzeiten dar. Die Harvard Medical School kommt im Rahmen einer Studie (Hollenberg, Fisher, McCullogh: Flavanols, the Kuna, Cocoa Consumption, and Nitric Oxide. 2009) zu dem Schluss, dass der hohe Kakaokonsum die Kuna-Indianer fit und gesund hält. Als eines der gesündesten Völker haben die Kuna einen sehr niedrigen Blutdruck, leben länger als andere in der Region und haben eine geringere Häufigkeit von Herzinfarkten, Schlaganfällen, Diabetes und Krebs.

Schon die Maya und die Inka erkannten die vielen bemerkenswerten Eigenschaften dieser Wunderpflanze und nutzten seine Früchte als Medizin und Lebenselixier. Die Nachfrage nach gutem Kakao stieg und die Kakaobohnen wurden beliebtes Handelsgut und Währung. Besonders die Chontal-Maya wurden dank ihrer großen Anbaugebiete im Osten der Region Tobasco sehr wohlhabend durch den Handel mit Kakao.

Da die Azteken keine eigenen Anbaugebiete hatten, konnten sie nur über den Handel mit den Maya an das braune Gold gelangen. Sie waren stets auf der Suche nach dem besten Kakao. Ein für seine großen Kakaoerträge und gute Qualität bekanntes Gebiet war Xoconochco (heute Soconusco), ein Grenzbereich zwischen Mexiko und Guatemala. An diesem Gebiet war den Azteken so gelegen, dass ihr Herrscher Ahuitzolts (1486–1502) es eroberte, um die Versorgung mit Kakao sicherzustellen. Es galt bereits vor den Azteken und noch lange nach ihnen als eines der wichtigsten Anbaugebiete für den feinsten Kakao. Der Handel mit Kakaobohnen ging auch nach dem Zerfall des Maya-Reiches weiter. Sowohl die Azteken als auch die Spanier führten diese Tradition fort.

Kakaobohnen als Tauschmittel

Wie viel eine Kakaobohne zur Zeit der Azteken genau wert war, ist heute nicht bekannt. Doch es wird berichtet, dass die Kakaobohne als Zahlungsmittel vielfach auch gefälscht wurde. Die Bohnen wurden zum Beispiel in Wasser aufgequollen oder künstlich mit einer aschgrauen oder dunkelroten Farbe versehen. Größere Bohnen waren mehr wert und die Farbe der edelsten Kakaosorten wurde durch das Färben nachgeahmt.

Auch als Kakao nicht mehr als Zahlungs- und Tauschmittel verwendet wurde und langsam seinen Weg in die Schokoladenproduktion fand, blieb Kakao/Schokolade für den Großteil der Bevölkerung unbezahlbar. 1776 bekam man in England knapp 500 Gramm Schokolade für 35 Pence. Das entsprach dem Wochenlohn eines Landarbeiters. Ein Truthahn hat einen Wert von 200 Kakaobohnen.

Ein Hase oder Waldkaninchen war je 100 Kakaobohnen wert. Eine große Tomate entsprach dem Wert einer Kakaobohne. In Maishülsen gewickelter Fisch war 3 Kakaobohnen wert.

Die Kakaosorten

Der ursprünglich im Amazonasgebiet beheimatete Kakao wird heute in tropischen Gebieten bis etwa 20 Grad nördlicher und südlicher Breite angebaut. Neben hohen Temperaturen und Niederschlägen braucht Kakao genug Schatten. Unter direkter Sonneneinstrahlung kann Kakao sich nicht im gewünschten Maße entwickeln, weshalb der Kakaobaum sich in Mischwäldern am wohlsten fühlt.

Die sogenannten Edelkakaosorten benötigen zudem eine besondere Behandlung, da sie nicht so robust und anfälliger für Schädlinge sind. Daher beträgt der Anbau von Edelkakaosorten weniger als zehn Prozent des weltweiten Kakaoanbaus.

Ritual Cacao zeichnet sich vor allem durch eine schonende Verarbeitung aus, sodass alle Nähr- und Wirkstoffe enthalten bleiben. Nach der Ernte der Schoten werden die Bohnen drei bis zehn Tage fermentiert, wodurch feine Aromastoffe entstehen. Nach dem Fermentationsprozess werden die Bohnen geröstet, von ihrer Schale getrennt und anschließend zu Kakaomasse verarbeitet.

Ritual Cacao besteht aus hundertprozentiger Kakaomasse, meist aus Edelkakaosorten wie *Criollo, Arriba* oder *Trinitario*, welche schonend verarbeitet wurden. Der reinen Bohne wird nichts hinzugefügt und auch nichts entzogen, anders als es bei Konsumkakao der Fall ist.

Die gezüchtete Sorte *Forastero* hat sich beim Kakaoanbau durchgesetzt, wird aber eher nicht für Rituale verwendet. Vor allem in den Anbauregionen in Westafrika gibt es fast ausschließlich Forastero, da dieser ertragreich und widerstandsfähig ist. Schätzungen zufolge liegt der weltweite Anteil von Forastero am Konsumkakao zwischen 80 und 90 Prozent. Das Wort »Forastero« kommt aus dem Spanischen und bedeutet »Fremdling«.

Wer nach Edelkakaosorten sucht, wird dabei auf Criollo Kakao stoßen. Diese ist wohl auch unter den Ritual Cacaos die bekannteste Sorte. Aus dem Spanischen übersetzt, heißt »Criollo« so viel wie »einheimisch« und bezieht sich auf alle Kakaosorten, die vor Ort wachsen.
Im Großen und Ganzen unterscheidet man vier verschiedene Kakaosorten:

Forastero
Criollo
Trinitario, ein Hybrid aus Criollo und Forastero,
und Arriba National

Für uns ist der wichtigste Kakao der *Criollo*, der die lokalen und ursprünglichen Sorten beschreibt. Criollos werden heute in vielen Gebieten Süd- und Mittelamerikas angebaut, zum Beispiel in Mexiko, Guatemala, Nicaragua, Kolumbien und Peru, um nur einige zu nennen.

Wir sind immer wieder auf der Suche nach neuen, hochwertigen Edelkakaosorten. Eine unserer Lieblingssorten, die wir auch bei Cacaoloves.me anbieten, ist die peruanische Sorte Criollo Blanco. Alle Kakaos unterscheiden sich in Geschmack und Wirkung, sodass zu verschiedenen Anlässen mal der eine und mal der andere Kakao am besten passt. Während wir den Criollo Blanco eher als beruhigenden Begleiter für Meditationen und Rituale sowie zur Entspannung verwenden, gibt es andere Sorten, die belebender wirken und für dynamischere Aktivitäten genutzt werden können.

Wie genau die Kakaosorten bei dir wirken, kannst du für dich selbst testen. Für Menschen, die erste Erfahrungen mit Kakao machen, ist unser Criollo Blanco mit der feinfruchtigen und frischen Note ein sehr schöner Kakao. Wir beziehen ihn direkt von einer Kleinbauern-Kooperative in Peru – biologisch angebaut und fair bezahlt.

Ritual Cacao kommt zurück

Wir sind dankbar dafür, dass der Kakao in seiner edlen, reinen Form in unserer modernen Welt wieder stärker verbreitet ist. Das ist vor allem Keith Wilson zu verdanken, bekannt als Kakaoschamane, der 2003 auf einer Reise nach Guatemala dem Geist des Kakaos begegnete und seither die Kakaokultur weltweit fördert. Und manche Reisende bringen Kakao von ihren Reisen mit nach Hause und laden andere ein, Kakao mit ihnen zu probieren. So möchten auch wir noch mehr Menschen die Möglichkeit geben, die wunderbare Wirkung von Ritual Cacao kennenzulernen. Gleichzeitig fördern wir das Bewusstsein und die Wertschätzung für diesen besonderen Schatz.

Wir sind davon überzeugt, dass Kakao uns gerade in der jetzigen Zeit eine große Hilfe sein kann. Rituale mit Kakao können uns dazu dienen, Stabilität und Sicherheit in den Alltag zu bringen. Kakao passt zu dem vermehrten Interesse an Selbstreflexion, Persönlichkeitsentwicklung und Achtsamkeit.

Die Zeiten von »ICH ICH ICH« und Verdrängung sind unserer Meinung nach vorbei. Immer mehr Menschen haben Lust, gemeinsam etwas zu erschaffen und zu bewegen. Das zeigt sich zunehmend in allen Bereichen. Nicht nur auf persönlicher Ebene, auch in der Wirtschaft: Alles geht hin zum Gemeinschaftlichen – und das hat unsere Welt auch so sehr nötig. Die Nahrung des Wandels, der Kakao, kann uns hierbei unterstützen.

Eine Legende der Maya besagt:

Cacao wird wieder

zu uns kommen,

wenn die Balance zwischen

Mensch und Natur

aus dem Gleichgewicht

geraten ist,

und uns daran erinnern,

wer wir in Wirklichkeit sind.

Die Wirkung: Das Superfood und seine Inhaltsstoffe

Kakao hat viele bemerkenswerte Effekte auf den menschlichen Körper, die sich schon anhand seiner Inhaltsstoffe nachvollziehen lassen. Er stärkt beispielsweise das Herz, sorgt für eine gute Durchblutung und senkt den Blutdruck. Außerdem erhöht Kakao die Hirnfunktion und trägt zu einer besseren Reaktions- und Konzentrationsfähigkeit bei. In verschiedenen Studien wurde auch eine allgemein positive Wirkung auf das Immun-, Hormon- und Lymphsystem festgestellt. Blutkreislauf, Fettstoffwechsel und Hautalterung werden ebenfalls günstig beeinflusst.

Zudem hat Kakao einen positiven Einfluss auf unsere Psyche. Wusstest du, dass Kakao high macht? Und das auf eine gesunde Weise, ganz ohne Entzugserscheinungen oder Nebenwirkungen. Das liegt an den wertvollen Inhalts- und Wirkstoffen, die wir dir im Folgenden genauer erläutern. Durch diese Wirkstoffe, die in deinem Körper Neurotransmitter anstoßen, kann ein Gefühl des Highseins ausgelöst werden. Man sagt nicht umsonst »Schokolade macht glücklich«, denn Kakao regt die Dopamin- und Serotoninausschüttung in deinem Körper an. Dopamin wird auch ausgeschüttet, wenn du dich verliebst. Kakao kann in bestimmten Situationen und Dosen ähnliche Gefühle hervorrufen. Serotonin ist auch als »Glückshormon« bekannt, da es dafür sorgt, dass du dich gut und ausgeglichen fühlst. Die einzigartige Zusammensetzung des Kakaos kann also dafür sorgen, dass du dich ganz ohne Drogen high fühlst und vielleicht auch ein kleines bisschen wie verliebt. Kakao macht dem Begriff »Superfood« damit alle Ehre.

Man muss Kakao daher nicht unbedingt auf einer spirituellen Ebene verstehen oder annehmen können. Er lässt sich auch als sehr umfassendes Nahrungsmittel begreifen, das viele wertvolle Inhaltsstoffe enthält, die unserem Körper Gutes tun. Über 300 wirksame Substanzen wurden bisher im Kakao gefunden. Damit ist die Kakaobohne eines der komplexesten Lebensmittel der Welt. Wirk- und Inhaltsstoffe sind zum Beispiel Theobromin, Koffein, Anadamide, Antioxidantien, Eisen, Magnesium, Calcium, Flavanoide und Neurotransmitter.

Theobromin (griechisch »theos«, »Gott«, und »broma«, »Speise«) macht einen erheblichen Anteil im Kakao aus. Kakao als »Speise der Göttinnen und Götter« zu bezeichnen, kommt nicht von ungefähr. Die reine Kakaobohne weist ca. 1,5 bis 3 Prozent Theobromin auf. Hundertprozentige Kakaomasse enthält 18 bis 35 Milligramm/Gramm.

Wie Koffein wirkt Theobromin auf das Nervensystem und hat eine wach machende Wirkung. Es erweitert die Blutgefäße und verbessert somit die Sauerstoffversorgung. Du fühlst dich dadurch angenehm wach – ohne später starken Energieabfall. Kakao belebt dich also auf eine natürliche und gesunde Weise.

Koffein ist in geringer Menge im Kakao enthalten. Eine Tasse von 200 Millilitern gefilterten Kaffees enthält 50 bis 175 Milligramm Koffein. Eine Tasse Kakao hingegen hat nur maximal 25 Milligramm Koffein.

Antioxidantien sind im Kakao mehr als zum Beispiel in Blaubeeren, Granatäpfeln, Preiselbeeren oder Weintrauben vorhanden. Sie verlangsamen oder verhindern sogar die Oxidation anderer Substanzen. Ein erhöhter oxidativer Abbau im Körper erzeugt physischen Stress, der Krebs und entzündliche Prozesse auslösen kann und die Alterung beschleunigt. Das heißt im Umkehrschluss: Kakao hilft bei der Entspannung, beugt Entzündungen vor und wirkt sich positiv auf den Alterungsprozess aus.

Der hohe Kalziumgehalt im Kakao unterstützt die Weiterleitung von Muskel- und Nervensignalen, stärkt die Knochen und ist wichtig für die Zähne, die Muskeln und die Blutgerinnung. Kakao weist mit rund 160 Milligramm pro 100 Gramm einen hohen Kalziumgehalt auf, höher als beispielsweise der von Milch mit rund 120 Milligramm.

Auch das für die Blutbildung essenzielle Eisen ist mit 7,3 Milligramm pro 100 Gramm in einer beachtlichen Menge in der Wunderbohne enthalten. Tipp: Um dem Körper die Aufnahme zu erleichtern, kann

Mit über 300 Nähr- und Wirkstoffen
ist Kakao ein wahrhaftiges Superfood,
eine Pflanzenmedizin
und ein natürlicher
Glücksmacher.

Kakao zusammen mit Vitamin C verzehrt werden, zum Beispiel in Form eines Spritzers Zitrone.

Mehr **Magnesium** als der Kakao enthält kaum ein anderes pflanzliches Lebensmittel. Bis zu etwa 500 Milligramm pro 100 Gramm sind enthalten, Nüsse liegen mit rund 200 Milligramm weit dahinter. Magnesium unterstützt den Knochenaufbau, die Regulation des Stoffwechsels und die Gehirnleistung. Es fördert die Herzgesundheit und kann Kopfschmerzen lindern. Außerdem wirkt es muskelentspannend und krampflösend. Tipp: Gerade Frauen bzw. menstruierende Menschen können während der Periode von dieser Tatsache profitieren. Auch für die Eisenzufuhr kann Kakao in dieser Zeit eine gute Unterstützung sein. Durch den hohen Magnesium-Anteil eignet sich Kakao zudem gut für sportliche und aktive Menschen.

Die **Flavonoide** im Kakao fördern die Gesundheit und die Aktivität des Gehirns generell und senken zum Beispiel auch das Schlaganfallrisiko sowie das Risiko, an Alzheimer zu erkranken. Außerdem sprechen sie das Lernzentrum im Gehirn an, indem sie Sauerstoffradikale im Gehirn anreichern. Sie wirken so dem Zelltod der Nerven entgegen. **Epicatechin**, das Hauptflavonoid im Kakao, schärft nachweislich die Wahrnehmung, die Konzentration und bewahrt zugleich die kognitiven Fähigkeiten.

Ungesättigte Fettsäuren: Das Fett in der Kakaobohne, die Kakaobutter, ist besonders wertvoll. Sie liefert viele einfach ungesättigte Fettsäuren, die für eine gesunde Herzfunktion sorgen und den Spiegel erwünschter Cholesterinarten erhöhen.

Besonders hervorzuheben ist auch die enthaltene mehrfach ungesättigte Fettsäure Anandamid, die in ihrer Wirkung dem Cannabinoid ähnlich ist und entspannend sowie stimmungsaufhellend wirkt. Anandamid wirkt auf die Teile des Gehirns, die für das Glücks- und Lustempfinden verantwortlich sind.

Polyphenole kommen in zahlreichen Pflanzen vor. Eine ganze Reihe von Polyphenolen hat für den Menschen gesundheitsfördernde Wirkungen.

Bewiesen ist, dass die Polyphenole aus Kakao ins Blut aufgenommen werden. Sie sollen entzündungshemmend und somit unter anderem krebsvorbeugend wirken. Einige Polyphenole können auch Körperzellen vor freien Radikalen schützen, die Zelloxidation verlangsamen und Fettablagerung in den Blutgefäßen vermindern. So beugen sie Arterienverkalkung und Infarkten vor.

Kakao ist reich an B-Vitaminen wie beispielsweise B1, B5, B6 und Folsäure. Diese Vitamine unterstützen unter anderem die Hirnfunktion, Wachstumsprozesse und eine gute Blutbildung.

Aminosäuren wie Tryptophan im Kakao spielen eine besondere Rolle, denn sie fördern die Ausschüttung von Neurotransmittern wie Endorphin, Dopamin und Serotonin. Diese steigern das Wohlbefinden und sorgen wie Anandamide für Glücksgefühle. Im Kakao ist Serotonin selbst nicht enthalten, aber es entsteht im Körper, wenn Tryptophan umgewandelt wird – durch den Kakaogenuss, der wiederum den Serotoninspiegel erhöht, Endorphine freisetzt und das Belohnungssystem des Gehirns aktiviert.

All diese Inhaltsstoffe sind die Basis dessen, was Kakao in uns auslösen und wobei dieser uns unterstützen kann – in unserem Körper und unserem Geist.

Ein wacher Geist durch Kakao

Die Wirk- und Inhaltsstoffe im Kakao können vielfältig auf unseren Körper und Geist wirken. Wusstest du zum Beispiel, dass die im Kakao enthaltenen Flavonoide viele positive Wirkungen auf das Gehirn haben können? Dass das Theobromin im Kakao herzöffnend wirkt, ist seit Jahrhunderten bekannt und auch, dass Kakao die Libido steigert und aphrodisierend wirken kann. Das Superfood Kakao kann aber noch mehr, denn die enthaltenen Flavonoide können die Gesundheit und die Aktivität des Gehirns fördern. Astrid Nehlig vom INSERM, Faculty of Medicine in Straßburg, hat sich diesem Thema gewidmet (Nehling, Astrid: The neuroprotective effects of cocoa flavanol and its influence on cognitive performance. 2013) und kommt zu spannenden Ergebnissen: Epicatechin, das Hauptflavonoid im Kakao, verbessert demnach unterschiedliche Aspekte der Wahrnehmung. Die Studie zeigte, dass Epicatechin die Wahrnehmung schärfen und die Konzentration, Aufmerksamkeit und Motivation steigern könne. Zugleich bewahre es die kognitiven Fähigkeiten.

Spannend ist auch, dass Flavonoide wohl insbesondere in den am Lernen und Gedächtnis beteiligten Gehirnregionen positiv wirken und kognitive Funktionen fördern können. Es wird angenommen, dass sie die Plastizität, also die Veränderung der Nervenzellen des Gehirns, steigern können. Und nicht nur das: Sie können Sauerstoffradikale abbauen und so dem Zelltod der Nerven entgegenwirken. Man kann also sagen, dass regelmäßiger Kakao-Genuss uns schlauer werden lassen könnte – von Tasse zu Tasse!

Die untersuchten Studien machen außerdem Hoffnung, dass Flavonoide dem kognitiven Rückgang im Alter entgegenwirken oder ihn verlangsamen. Auch das Schlaganfallrisiko sowie das Risiko einer Alzheimer-Erkrankung kann möglicherweise durch Kakao gesenkt werden. Da wundert es nicht, dass Kakao auch die graue Substanz im Gehirn erhöht – die gleiche graue Substanz, welche durch Meditation angereichert wird, Stress abbaut und uns beim Entspannen unterstützt. Die Wirkung von Kakao und Meditation passen daher wunderbar zusammen. Wir sind gespannt, was die Forschung hierzu in den nächsten Jahren herausfindet.

Die wichtigsten Flavonoide kommen übrigens hauptsächlich im Kakao vor, gefolgt von Wein, Traubenkernen, Beeren, Tee, Tomaten und Soja.

Kakao als Aphrodisiakum

Dass Kakao als Aphrodisiakum wirken kann, liegt an den sogenannten Anandamiden. Auf diese wird das mit dem Kakaogenuss einhergehende Gefühl, entspannt und lustvoll zu sein, zurückgeführt. Kakao erzeugt die perfekte Mischung von stimulierender Lust und einem Gefühl der Entspannung.

Die aphrodisierende Wirkung war schon den Azteken bekannt. Bereits der Aztekenkaiser Moctezuma (1466–1520) nahm Kakao als Aphrodisiakum zu sich. Kakao soll nicht nur die Lust, sondern auch die Potenz fördern. Dieses Wissen gelangte auch nach Europa, wo zunächst nur Adelige dieses besondere Mittel für ihre Liebesspiele verwenden konnten. Dies führte tatsächlich dazu, dass im 16. Jahrhundert die Kirche den Genuss von Kakao als »wollüstige Verquickung« und somit als Sünde deklarierte. Der deutsche Theologe Franciscus Rausch behauptete sogar, dass die Skandale in den Klöstern von diesem Kakaotrunk kämen. Deshalb sei der Genuss von Kakao nicht mit einem Leben in sexueller Enthaltsamkeit zu vereinbaren. Zum Glück leben wir nicht im 16. Jahrhundert in einem Kloster und können uns aus vollem Herzen dieser wunderschönen Wirkung des Kakaos hingeben.

Was im Kakao macht Lust?

Neben den Anandamiden stimuliert das im Kakao enthaltene Phenylethylalanin unser Nervensystem und kann uns ein Gefühl von Verliebtsein und Lust verspüren lassen. Zudem wirkt der große Anteil an Magnesium im Kakao auf unseren Körper sehr entspannend.

Wir empfehlen außerdem, den Kakao mit Vanille und Chili zu würzen. Diese zählen auch zu den Lustmachern der Natur. Durch Chili werden die Durchblutung sowie die Glücks- und Sexualhormonproduktion angeregt. Zudem kann der Kakao dadurch schneller aufgenommen werden.

Eine Tasse Kakao als schöner Einstieg in die Zweisamkeit

Natürlich kommt es auch darauf an, in welcher Stimmung du bist, wenn du Kakao zu dir nimmst. Ob du überhaupt offen für deine Lust bist und mit wem du gerade zusammen bist. Erotik entsteht auch im Kopf, was wahrscheinlich ein Grund ist, warum Kakao immer wieder mit Sexualität in Verbindung gebracht wird. Ist es nicht um einiges erotischer, mit deinem Partner oder deiner Partnerin gemeinsam einen Kakao zu trinken, sich diesen vielleicht sogar vom Körper zu lecken, als vor dem Liebesspiel eine Pille einzuwerfen? Wir finden, dass das gemeinsame Kakaotrinken ein wunderschöner, sinnlicher Einstieg für Zweisamkeit sein kann.

Bei jeder Person wirkt Kakao anders. Es kommt immer auf die Tagesform und äußerliche Gegebenheiten an. Wir kennen Menschen, die sofort die lustvolle Wirkung wahrnehmen. Andere brauchen dafür ein bisschen mehr Zeit. Wenn ich, Leni, Kakao getrunken habe, schaue ich gerne erst einmal in mich. Baue eine liebevolle Verbindung zu mir selbst auf. Erst dann kann ich mit dem Außen und zum Beispiel mit meinem Partner in Kontakt gehen. Das kann dann sehr intensiv und auch heiß werden. Probiere es mal für dich aus. Sei dabei offen und absichtslos. Je weniger Erwartungen und Vorstellungen du mitbringst, desto mehr kann das kommen, was deiner Essenz entspricht und gelebt werden will.

Du kannst das Kakaotrinken auch mit dem Secret-Love-Ritual verbinden, das wir im Abschnitt »12 Kakaorituale für jeden Tag« beschreiben.

Kakao und die Schwangerschaft

Ich, Leni, wurde vor allem während meiner Schwangerschaft oft gefragt, ob Kakao nicht nur vor der Schwangerschaft beziehungsweise bei Kinderwunsch hilfreich ist, sondern auch für Schwangere geeignet ist. Die Frage kann ich nicht mit Ja und auch nicht mit Nein beantworten. Oft wird empfohlen, dass Kakao nicht während der ersten zwölf Schwangerschaftswochen getrunken werden soll. Dies ist eine sehr sensible Phase, und insbesondere wenn die Frau vorsichtig sein möchte, verzichtet sie hier wohl auf einige Dinge.

Hier kann ich zwar von meiner Erfahrung berichten, doch die Entscheidung sollte jede Frau für sich selbst abwägen und treffen.

Ich habe auch in den ersten Wochen meiner Schwangerschaft Kakao getrunken. An manchen Tagen war mir sogar so lange schlecht, bis ich mich mit meinem Kakao zum Meditieren hingesetzt hatte. Danach ging es mir richtig gut. Von heute auf morgen hatte ich dann keine Lust mehr auf Kakao und habe auch keinen mehr getrunken.

In der 18. Schwangerschaftswoche änderte sich das und ich habe wieder einmal die Woche etwa 15 bis 20 Gramm Kakao zu mir genommen. Wenn wir in unseren Körper spüren und mit diesem verbunden sind, sagt er uns meist genau, was er braucht – oder eben nicht möchte.

Als ich in der Schwangerschaft Kontakt zu meinem Inneren und dem Baby aufnehmen wollte, war Kakao für mich ein wundervolles

Tool. Zudem weiß man ja, dass sich hundertprozentiger Kakao positiv auf die Stimmung auswirken kann, was gerade in der intensiven Zeit der Schwangerschaft mit allen neuen Herausforderungen und Ängsten für mich hilfreich war.

Es kann jedoch, wie gesagt, niemand anders als die schwangere Frau selbst den Nutzen und das Wagnis, während der Schwangerschaft Kakao zu genießen, abwägen.

Kakao enthält wie Kaffee auch Koffein. Dieser wird teilweise durch das enthaltene Theobromin ausgeglichen. Das Theobromin selbst kann in der Schwangerschaft gut sein. Die Yale University veröffentlichte eine Studie (Chocolate may be Boon to Pregnant Women. Yale 2008) über die Wirkung von Theobromin bei Schwangeren. Das Ergebnis war, dass dieser Stoff das Risiko einer Präeklampsie (mit den Symptomen Bluthochdruck, Wassereinlagerungen, Eiweiß im Urin) deutlich verringert. Eine andere Studie der Wissenschaftler Saftglas et al. aus dem Jahr 2010 bestätigt dieses Ergebnis. In beiden Studien wurden ausschließlich positive Wirkungen von Kakao für Mutter und Kind festgestellt. Wenn du in deiner Schwangerschaft jedoch auf alle belebenden Mittel verzichten möchtest, gehört Kakao auch dazu.

Viele Frauen essen in der Schwangerschaft Schokolade. Darin ist natürlich auch Kakao enthalten, zudem aber noch jede Menge Industriezucker, Milchpulver, Stabilisatoren und andere unnatürliche Bestandteile. Hundertprozentiger Kakao hingehen ist ein Naturprodukt mit vielen Vitaminen, Mineralien und Antioxidantien, die den zusätzlichen Nährstoffbedarf in der Schwangerschaft mit abdecken können. Gerade der schwangerschaftsbedingte Eisen- und Magnesiummangel kann von dem Superfood Kakao ausgeglichen werden. Er enthält Eisen und Magnesium in großen Mengen. Nicht zu vergessen die über 300 weiteren Wirk- und Inhaltsstoffe.

Zusammenfassung

- Bitte beachte, dass Kakao Koffein enthält.
- Wir empfehlen in der Schwangerschaft eine geringere Dosis von 15 bis 20 Gramm Kakao auf 200/250 Milliliter Flüssigkeit.
- In den ersten zwölf Wochen der Schwangerschaft ist Kakao nicht empfohlen. Hast du bereits vorher Erfahrung mit Kakao und/oder bist gut mit dir verbunden, kannst du dich vielleicht dafür entscheiden, es auszuprobieren und selbst zu spüren, welche Auswirkungen Kakao während dieser Zeit auf dich hat.
- Am Ende der Schwangerschaft kann Kakao wehenfördernd wirken. Wenn dein Baby überfällig ist, kann das sogar eine positive Sache sein.

Was beim Stillen zu beachten ist

Kakao ist eine Koffeinquelle. Bei normalem Gebrauch des Getränks werden das Nervensystem und das Herz-Kreislauf-System nicht überfordert. Wir empfehlen den Kakao-Genuss nach einer Stilleinheit.

Auch hier gilt wieder: Nur du kannst in Selbstverantwortung und Verantwortung für dein Kind entscheiden. Beobachte dein Kind und dich selbst: Wie verhält sich mein Kind beim Stillen, wenn ich nach dem letzten Stillen Kakao getrunken habe? Tut mir der Kakao-Moment so gut, dass ich dadurch an Entspannung gewinne, was sich womöglich wieder positiv auf mein Baby auswirkt?

Hier ein Erfahrungsbericht einer Mutter: »Nach drei Monaten Mama-Sein habe ich erst einmal mit einer leichten Dosierung gestartet, um zu schauen, wie mein Sohn reagiert. Er hat es gut vertragen. Ich trinke Kakao generell erst nach dem Stillen. Ich merke die positiven Effekte auch ihm an. Er ist sehr entspannt, und wir sind sehr eng verbunden. Mir selber schenkt Kakao auch mit zwei Kindern immer wieder Ruhe und Kraft im Alltag und viel Leichtigkeit sowie gleichzeitig eine tiefe Verbundenheit. Mittlerweile trinke ich Kakao wieder täglich und auch jetzt merke ich keine Anzeichen, dass es meinem Sohn nicht gut geht. Bei meinem großen Sohn vor dreieinhalb Jahren war es genauso. Ich denke aber, dass das ganze Thema äußerst individuell ist und es bei uns auch so gut lief, weil ich Kakao schon kannte, meinen

Körper sehr gut kenne und weiß, was mir guttut und was nicht. Und meine beiden Kinder waren und sind auch sehr unempfindlich, was Krankheiten, Bauchschmerzen etc. im Säuglings- bzw. Kleinkindalter angeht.«

Dies ist lediglich eine Erfahrung. Informiere dich am besten umfassend und triff dann auch durch Selbstreflexion die bestmögliche Entscheidung für dich.

Kakao während der Menstruation

Eisenzufuhr ist insbesondere während der Periode wichtig, da durch den Blutverlust oft auch Eisen verloren geht. Dann entstehen Kreislaufprobleme wie Schwindel. Dieses Gefühl von Schlappheit führt dann dazu, dass wir uns am liebsten mit einer warmen Tasse Kakao ins Bett kuscheln möchten. Schön, wenn wir so unserem Körper etwas Gutes tun. Dafür ist es jedoch wichtig, den richtigen Kakao zu wählen. Damit meinen wir Kakaomasse ohne Zucker oder anderen Zusatz. Denn der reine Kakao hat neben Eisen weitere Inhaltsstoffe, die Frauen und menstruierende Menschen zu dieser besonderen Zeit unterstützen können.

Während der Periode tun Ruhe und Entspannung einfach gut. Gleichzeitig sind wir dann noch stärker mit unserer Intuition verbunden. Wir können diese natürliche Tendenz und diese Bedürfnisse nutzen, um mithilfe von Kakao noch tiefer einzutauchen. Die Kakaorituale, die ich, Leni, vor und während meiner Periode durchführe, erlebe ich sehr intensiv. Mein Körper spricht noch viel klarer als sonst zu mir, und ich bekomme starke Einblicke in meine Innenwelt. Ich spüre und sehe ein größeres Bild der Verbundenheit von allem.

Auch auf physischer und neurologischer Ebene unterstützt uns Kakao während der Blutung: Die große Fülle an Nährstoffen, Vitaminen, Mineralien und Antioxidantien versorgen uns. Der hohe Eisengehalt gleich den Eisenmangel durch den Blutverlust aus. Theobromin verbessert die Blutzirkulation und die Sauerstoffversorgung und durch die Erweiterung der Blutgefäße können zum Beispiel Kopfschmerzen gelindert werden.

Kakao fördert, wie oben ausgeführt, die Ausschüttung von Serotonin und sorgt außerdem für dessen langsameren Abbau. So können Stimmungsschwankungen in der prämenstruellen Phase ausgeglichen werden.

Eine Freundin hat sich für uns einem Selbstexperiment unterzogen: Sie hat vor und während ihrer Menstruation täglich bewusst Kakao getrunken und darauf geachtet, was sich in ihrem Körper verändert: »Ich habe meine Menstruationszeit unglaublich sanft und körperlich und emotional entspannt empfunden. Der Kakao hat mich ganz aus einem hormonellen Stimmungstief geholt. Ich fühlte mich wieder gut gelaunt und pudelwohl in meinem Körper, der sich sonst in dieser Zeit oft so aufgedunsen und aufgebläht anfühlt. Auch meine Heißhungerattacken wurden viel sanfter.«

Das deckt sich auch mit meiner (Leni) eigenen Beobachtung: Der Heißhunger auf Schokolade kann in Wirklichkeit das Bedürfnis nach Kakao mit seinen wertvollen Inhaltsstoffen sein. Mit einem Kakaoritual sorgst du für dein Inneres, du hörst dir zu und schenkst deinem Körper Aufmerksamkeit. Dieser Akt der Selbstliebe ist viel tiefer und nachhaltiger als eine kurze Zuckerbefriedigung durch herkömmliche Schokolade. Zudem können Periodenkrämpfe durch vermehrte Zuckeraufnahme sogar noch verstärkt werden.

Kakao kann also eine wunderschöne Unterstützung vor und während der Menstruation sein. Das Wichtigste in dieser Zeit ist jedoch, in Kontakt mit dir selbst zu gehen und zu hören, was dein Körper braucht.

In unserem Kakao-Netzwerk gibt es hierzu auch immer wieder sogenannte Women Circles. Kakao und Kakaorituale sind mittlerweile ein fester Bestandteil vieler Frauenkreise. Denn Kakao verkörpert oftmals die weibliche, liebevolle Energie, die dich sanft auf dem Weg zu deinem Herzen begleitet. Häufig nehmen Frauen nach dem Genuss von Kakao eine haltende, mütterliche Energie wahr. In diesem geschützten Gefühl ist es für uns einfacher, auch Ängsten und schweren Themen zu begegnen. Ich, Leni, durfte schon einmal gemeinsam mit 33 wundervollen Frauen ein tantrisches Kakaoritual zelebrieren. Tantra spiegelt einen weiteren Aspekt von Kakao wider. Denn die weibliche Energie birgt auch eine sexuelle Energie in sich. Und Kakao kann, wie oben ausgeführt, ja auch als natürliches Aphrodisiakum auf deinen Körper wirken. Kakao erlaubt dir, das frei zu lassen, was in dir gelebt werden möchte. Das kann die liebevolle weibliche Seite sein, aber auch die wilde. Kakao hilft, eine Offenheit für alle deine Aspekte zu entwickeln und diese zu leben.

Kakao tut der Seele gut

Unsere Seele wohnt in unserem Körper, in unserem Herzen und beide möchten Beachtung bekommen: Wir achten darauf, in Balance zu sein. Genau das meint die Beachtung von Körper und Seele. Wie sehr erlaubst du dir, in den verschiedenen Bereichen deines Lebens deine verschiedenen Anteile zu leben? Sowohl die Schatten- als auch die Lichtaspekte deiner selbst? Wie ist die Balance von weiblicher und männlicher Energie? Erlaubst du dir, sowohl aktiv zu sein als auch dich der vollkommenen Ruhe hinzugeben?

Die Wirkung von Kakao auf die Seele ist untrennbar mit dessen Wirkung auf den Körper verbunden. Die Seele schließt den Körper mit ein und ebenso unsere Beziehung zu anderen, die beispielsweise auch in der Balance zwischen der männlichen und weiblichen Energie in uns liegt. Die männliche Energie gibt sowohl im Außen als auch im Inneren eine Form, eine Struktur vor, in der sich die weibliche Energie frei bewegen und ausdrücken kann. Gäbe es diesen Raum nicht, würde die weibliche Energie in alle Richtungen fließen und dabei zerfließen. Es geht um ein ständiges Zusammenspiel von Yin und Yang – Shiva und Shakti.

Für ein ausgeglichenes Leben sollten wir die Balance in allen Bereichen unseres Lebens anstreben. Aber auch die besten Einstellungen und Methoden können toxisch sein, wenn du sie einfach blind anwendest und nicht mehr hinterfragst, ob es in der jeweiligen Situation wirklich die richtigen sind.

Menschen lieben Konzepte, Anleitungen und andere Menschen, denen sie folgen können. Es ist toll, sich inspirieren zu lassen.

Aber denk daran: Letztlich darfst du in jeder Situation neu schauen, was für dich wahr ist. Denn den einen Weg, der immer passt, wird dir niemand nennen können. Auch wenn es manche behaupten.

Es ist deine Aufgabe, immer wieder zu schauen, was für dich wahr ist. Und das kann und soll sich verändern.

Wir lieben Kakao, da er uns immer wieder dabei hilft, die eigene Wahrheit und genau diesen richtigen Weg für uns selbst als Individuum zu spüren. Wir nehmen Ideen und Ansichten von anderen mit in unsere eigenen Kakaorituale und Meditationen, manches bleibt und anderes darf gehen.

Wir fragen uns dann beispielsweise: »Mache ich gewisse Dinge, weil sie mir guttun, oder weil ich denke, dass sie gesund für mich sind? Mache ich manches schon vollkommen auf Autopilot und weiß gar nicht mehr, wofür? Spreche ich Sätze und Phrasen von anderen Menschen nach, die ich aber selbst (noch) gar nicht fühle?«

Nimm diese Fragen gerne mit in deine Meditation. Erlaube dir, dich als Ganzes wahrzunehmen und eine Balance zwischen Hell und Dunkel herzustellen. Wenn du allen Anteilen in dir Aufmerksamkeit gibst, werden ganz von alleine manche gehen und andere stärker werden. Komm deshalb immer wieder in Tiefe zu dir und schau, ob du dein Leben lebst oder das einer anderen Person.

Das Innere Kind liebt Kakao

Falls du dich im Bereich Achtsamkeit und Persönlichkeitsentwicklung bereits auskennst oder darüber gelesen hast, kennst du vielleicht schon über den Begriff des Inneren Kindes: Das Innere Kind ist ein essenzieller Teil deines Selbst. Ein sanftes, unschuldiges, reines Wesen, das dir innewohnt. Dieses Kind wohnt seit deiner Geburt in dir – ist ein Teil von dir. Es hat Erfahrungen gemacht und hat in sich Glaubenssätze verankert, die du heute noch mit dir trägst. Autor*innen und Psycholog*innen wie Stefanie Stahl sprechen davon, dass das Innere Kind zwei Seiten hat: das Schattenkind und das Sonnenkind. Sie stehen für die Helligkeit und die Dunkelheit in dir. Das Schattenkind bringt negative Glaubenssätze, die aus schmerzhaften Erfahrungen entstanden sind, in dein Leben hinein. Ein Satz könnte zum Beispiel sein: »Ich bin nicht gut genug.« Das Sonnenkind strahlt Positives in dein Leben. Ein Glaubenssatz von diesem könnte sein: »Ich bin wertvoll, es ist immer für mich gesorgt.«

Beide Seiten begleiten dich in deinem Leben, in deinem Alltag, ständig. Sie sind oft ausschlaggebend dafür, wie du das Leben siehst. Oftmals erkennen wir im Kontakt mit unserem Inneren Kind, woher bestimmte Verhaltensweisen und Probleme kommen. Geht man also auf das Innere Kind ein, kann dort sehr viel Klarheit, Annahme und Auflösung entstehen.

Kakao gibt uns einen wundervollen, liebevollen Zugang zu unserem Inneren Kind. Wir und viele Menschen, mit denen wir bereits zusammen Kakao genießen durften, beschreiben, dass sie sich gehalten fühlen, wenn sie Kakao getrunken haben. Daher stammt auch der Begriff Mama Kakao. Er beschreibt das Gefühl von Geborgenheit. Mit Kakao hast du das Gefühl, dass du nicht alleine bist und unterstützt wirst. Es gelingt dadurch viel leichter, auf Dinge zu schauen, die vielleicht sonst einfach beiseitegeschoben werden. Durch die Glücksgefühle, die durch das Kakaotrinken entstehen, können wir zudem unser Sonnenkind aktivieren. Wir können staunen und lachen über unsere Talente und Gaben, wir haben die Kraft, unsere positiven Glaubenssätze zu sehen, zu stärken und mehr und mehr in unser Leben zu integrieren.

Wenn du dein Inneres Kind kennenlernst, hast du die Möglichkeit, Glaubenssätze zu befreien, aufzulösen oder zu bekräftigen. Im ersten Schritt kannst du diese einfach urteilsfrei beobachten, sodass du dich erst einmal wirklich kennenlernst. Du siehst und verstehst deine Reaktionen. Du verstehst auch dein Inneres, deinen Schmerz, deine Leidenschaft. Damit ist kein rationales Verständnis gemeint. Es geht hierbei um ein inneres Verständnis aus dem Herzen heraus. Solche sehr tief gehende innere Arbeit ist Selfcare – Selbstfürsorge, die weit mehr ist, als sich ein entspanntes Bad oder einen leckeren Kuchen zu gönnen.

Selfcare kann zu einem ganzheitlichen und nachhaltigen Wohlbefinden führen. Dazu gehört auch, sich Zeit für unser Inneres zu nehmen. Es beinhaltet, in sich aufzuräumen und langfristiges Wohlbefinden über kurzfristigen Genuss zu stellen. Manche Dinge können eine schnelle, kurze Befriedigung bringen. Selfcare hingegen zielt darauf ab, dass man sich mehr spürt, in Einklang kommt, um so nachhaltig zufriedener zu sein.

Du kannst dir in liebevollem Selfcare die Frage zu deinem Warum stellen und dein Inneres Kind willkommen heißen. Danach kannst du weitergehen zu deinen alltäglichen Gewohnheiten: Wo hast du noch welche, die dir nicht dienen? Die du vielleicht gar nicht mehr wahrnimmst und die dir Energie rauben? Selfcare bedeutet für uns eine Bestandsaufnahme von dem, was ist, und, sich Zeit für die Reflexion und gegebenenfalls das Loslassen zu nehmen. Vor allem bedeutet Selfcare, ehrlich zu sich zu sein und den eigenen Werten treu zu bleiben.

Anschließend kannst du nachspüren und herausfinden, was dir Energie schenkt. Auch hierbei kommt es auf einen Weitblick an: Die Tasse Kaffee am Nachmittag bringt dir vielleicht kurzfristig Energie, um weiter zu funktionieren und deine To-dos zu erledigen, doch darum geht es nicht. Vielmehr sprechen wir davon, wie du einen gesunden und erfüllten Lebensstil aufbauen kannst, welcher dich langfristig unterstützt.

Selfcare zu praktizieren und dir Zeit für dich selbst zu nehmen, geht bei den Basics los: Habe ich heute gut und gesund gegessen? Habe ich genug geschlafen, getrunken und mich bewegt? Habe ich mir Zeit für mein Inneres und meine Herzenswünsche genommen?

Wenn du erst einmal im Flow bist, wird es ganz natürlich für dich sein, dich gut um dich selbst zu kümmern. Das ist für uns die Basis, auf der alle weiteren Projekte aufbauen und erblühen können. Und verstehe uns nicht falsch: Auch ein schöner Mittagsschlaf gehört für uns dazu. Doch gönne ihn dir am besten aus der Fülle heraus und weil du dich liebst, und nicht, weil du völlig ausgebrannt bist und nichts anderes mehr machen kannst, als wegzunicken.

Für diesen Blick in dein Inneres ist es besonders hilfreich, Kakao zu trinken oder ein Ritual nutzen, um dich nach innen zu richten und auf dein Inneres zu fokussieren.

TEIL 3

KAKAO *erfahren*

Kakao

in deinem Leben

Du kannst die besonderen Eigenschaften des Kakaos ab sofort in deinem Alltag wirken lassen und für dich nutzen. Hier teilen wir mit dir alles, was du dafür wissen musst. Du erfährst, wie du dir ein wohltuendes Kakaogetränk zubereitest, wie du den Spirit des Kakaos zu dir einlädst und wie du kraftvolle Intentionen setzen kannst. Zudem laden wir dich zu einem geführten Ritual ein, das dir das Eintauchen in die Welt des Kakaos erleichtern wird.

So bereitest du deinen Kakao zu

Bereite deinen Kakao für ein Ritual als warmes Getränk zu.

Hier kommt das Rezept, das du ganz einfach zu Hause nachmachen kannst:

ZUTATEN

Für eine Tasse Kakao nimmst du:

- *30 g Kakao (ca. 3 EL)*
- *200 ml Flüssigkeit: Wasser, Hafermilch oder eine andere vegane Milch oder Kokosdrink*
- *1 TL Kokosblütenzucker*
- *½ TL Zimt*
- *1 Prise Chilipulver*

Du kannst deinen Kakao natürlich auch pur, also ohne Gewürze, zubereiten oder alternativ zu den einzelnen Gewürzen einen Teelöffel Gewürzmischung in deinen Kakao rühren. Mehr darüber erfährst du im Abschnitt unten.

ZUBEREITUNG

1. Erhitze 200 Milliliter Hafermilch oder Wasser für eine Tasse Kakao, bis die Flüssigkeit warm ist, aber nicht kocht.
2. Gib dann 30 Gramm beziehungsweise etwa 3 Esslöffel Kakao in die warme Flüssigkeit. Rühre so lange, bis sich die Kakaomasse komplett aufgelöst hat.
3. Rühre dann einen Teelöffel Kokosblütenzucker sowie einen halben Teelöffel Zimt in die Flüssigkeit. Zum Schluss kannst du noch eine Prise Chilipulver hinzufügen.

Die Dosis

Wir empfehlen 30 Gramm Kakao als mittlere Dosis. Wenn du bereits Erfahrung mit Kakao hast und tief in dich reisen möchtest, nimm eine höhere Dosis mit bis zu 45 Gramm. Für einen Alltagskakao reichen oft schon 15 Gramm.

Da Kakao bei jedem etwas anders wirkt und es auch auf die Tagesform ankommt sowie zu welchem Anlass man die Medizin des Herzens trinkt, empfehlen wir dir auszuprobieren, wann dir welche Dosis guttut.

Die Wirkung der Zutaten

Um die gesunde Wirkung des Kakaos voll auszuschöpfen, sollte man diesen immer mit Wasser, Hafer- oder Kokosdrink zubereiten. Da Kuhmilch die Antioxidantien im Kakao blockiert, ist die pflanzliche Variante weitaus besser.

Kokosblütenzucker wird aus dem Nektar der Kokospalme gewonnen und enthält viele Mikronährstoffe. Er wirkt sanfter auf unseren Blutzuckerspiegel als zum Beispiel Haushaltszucker. Er hat einen kräftigen, karamelligen Geschmack.

Zimt enthält neben Magnesium, Eisen und Kalzium auch ätherische Öle, die die Verdauungsmuskulatur entspannen. Die zwei bekanntesten Sorten sind Ceylon- und Cassia-Zimt. Ceylon ist im Vergleich zu Cassia aromatischer und weniger scharf. Seine edle Beschaffenheit macht ihn allerdings um ein Vielfaches teurer als Cassia-Zimt.

Chili wiederum ist reich an Vitamin A und C, Kalium und Magnesium. Es aktiviert die Inhaltsstoffe im Kakao und regt die Durchblutung an. So können die Wirkstoffe des Kakaos schneller aufgenommen werden.

Du kannst deinen Kakao auch ganz ohne Gewürze zubereiten, doch die Gewürze dienen dem Geschmack und unterstützen die Wirkung des Kakaos.

Alternativ zu einzelnen Gewürzen kannst du unsere fertige Gewürzmischung »Mindful Bliss« zur Verfeinerung deines Kakaos verwenden. Mehr darüber erfährst du unter cacaoloves.me. Und es gibt – ganz nach deiner Wahl, deinem Geschmack und deinem momentanen Befinden – natürlich viele andere Möglichkeiten, deinen Kakao zu verfeinern. Doch schon die wenigen hier aufgeführten Zutaten haben bereits eine große Wirkung auf unseren Körper.

Solltest du dein Ritual mit anderen durchführen, so bedenke bitte: Je größer die Gruppe bei den Zeremonien ist, desto besser ist es, den Kakao simpel zu halten.

Für wen Kakao nicht geeignet ist

- Menschen, die keinerlei aktivierende Stoffe wie zum Beispiel Kaffee oder schwarzen Tee zu sich nehmen dürfen
- Schwangere Frauen in den ersten drei Monaten
- Menschen, die Neuroleptika oder ähnliche Medikamente nehmen
- Menschen mit Histaminunverträglichkeit
- Menschen, die Schilddrüsenmedikamente einnehmen, sollten den Verzehr von Kakao zuvor mit einer medizinischen Fachperson besprechen und jedenfalls direkt nach der Einnahme keinen Kakao zu sich nehmen.
- Haustiere, da sie Theobromin nicht abbauen können.

Was sonst beachtet werden sollte

Kinder können Kakao trinken, dennoch sollten die Eltern den Koffeingehalt und die wach machende Wirkung berücksichtigen bei der Dosierung und dem Zeitpunkt des Kakaogenusses.
Bei Schlafproblemen empfehlen wir, vier bis sechs Stunden vor dem Schlafengehen keinen Kakao zu sich zu nehmen.

Bei Medikamenteneinnahme und insbesondere bei Einnahme von Medikamenten wegen Herzproblemen sowie bei starken psychischen Erkrankungen solltest du vorher mit deiner Ärztin oder deinem Arzt sprechen.

Wenn du Haustiere hast, dann achte darauf, dass du den Kakao so aufbewahrst, dass dein Tier sicher nicht an den Kakao herankommt: Das enthaltene Theobromin kann für viele Tiere tödlich sein.

Der Spirit des Kakaos

Sei gewiss, dass du beim Kakaotrinken nicht alleine bist. Du wirst gehalten und geführt vom sogenannten Kakao-Spirit. Hierbei handelt es sich um den Geist der Pflanze.

Jedem Lebewesen wohnt ein Geist, eine Seele inne. Im Verständnis vieler indigenen Völker wohnt im Kakao eine weibliche Kraft. Die Teacher Plants – Lehrmeisterpflanzen –, zu denen Kakao gehört, möchten ihr Wissen und ihre Weisheit mit uns teilen.

Der Kakao-Spirit spricht mit dir durch dein Herz und deine Gefühle. Er lädt dich ein, in Verbindung zu treten – mit dir selbst, mit anderen und mit der Natur.

Eine Maya-Legende besagt: »Immer dann, wenn es ein Ungleichgewicht zwischen Mensch und Natur gibt, kommt Kakao aus dem Regenwald, um die Herzen der Menschen zu öffnen und den Planeten in einen Zustand der Harmonie zurückzubringen.« Manche Schamanen betrachten Kakao daher als ›Nahrung des Wandels‹.

Kakao steht für die neue Ordnung der Liebe und des Friedens, die gerade kultiviert wird. Bei Kakaoritualen laden wir den Spirit dieser Pflanze ein.

Lade den Kakao-Spirit ein

Zunächst bereitest du dir Kakao zu und machst es dir an einem Kraftort gemütlich. Dann kannst du Folgendes tun:

1

Halte deine Kakaotasse vor dein Herz. Spüre bewusst die Wärme zwischen der Tasse und deinem Herzen.

2

Gib dieser wärmenden Verbindung größtmöglichen Raum, genieße sie.

3

Sobald du einen inneren Impuls spürst, sprich Folgendes laut aus: »Ich lade dich, Kakao-Spirit, ein, mein Herz zu öffnen und deine Weisheit mit mir zu teilen. Danke.«

4

Jetzt ist der richtige Zeitpunkt, um eine Intention hinzuzufügen, wenn du möchtest.

5

Genieße deinen Kakao, spüre in dein Herz und empfange die Botschaften des Kakao-Spirits.

Kraftvolle Intentionen

Bei unseren Kakaoritualen setzen wir in Hinblick auf die eigene innere Ausrichtung und den Fokus eine Intention. Eine Intention zu setzen bedeutet für uns, eine positiv formulierte Absicht zu bekunden. Zudem beinhaltet sie auch die Energie, mit der du in den Tag, das Ritual oder die nächsten Wochen gehen möchtest. Du legst fest, wohin deine Energie und damit deine Aufmerksamkeit gehen darf.

Wir gehen oft in Kakaorituale oder Meditationen und haben eine Idee von dem, was wir uns wünschen möchten. Wenn man offen ist, kommt jedoch meistens ein anderes Bild oder Gefühl auf. Versuche daher, deine Intention wirklich genau in dem Moment zu spüren, in dem du sie setzt.

Das Wichtigste für eine kraftvolle Intention ist, dass du dich auch mit dem Gefühl verbindest. Spüre dich hinein: Wie fühlt es sich dann, wenn dein Wunsch/deine Intention wahr geworden ist, an? Je besser du dieses Gefühl in dir aufsteigen lassen kannst, desto stärker hast du deinen Wunsch schon in die Realität gezogen.

Es kann sinnvoll sein, sich seine Intention aufzuschreiben, um sich selbst immer wieder daran zu erinnern.

Zum Beispiel könnte eine Intention sein: »Ich gehe neugierig und mit offenem Herzen durch die Welt.« In den Momenten, in denen du vielleicht andere oder auch dich selbst verurteilst, kannst du dich an deine Intention erinnern und wieder in das Gefühl gehen, offen und neugierig zu sein.

Eine Intention kommt aus deinem Herzen und nicht aus dem Ego. Sie ist mit deinen Werten und Gefühlen verknüpft. Das unterscheidet eine Intention von einem Ziel. Die Intention kommt meist intuitiv und zusammen mit körperlichen Empfindungen in dir auf. Da uns Kakao dabei unterstützt, mehr in unser Gefühl zu gehen, eignet er sich perfekt dafür, die Intention in dir aufkommen zu lassen. Der Kakao-Spirit lässt uns weit werden und macht Platz in uns, um unsere Intention in unserem Leben zu empfangen. Es ist schön, sich für eine Intention ein bisschen Zeit zu nehmen, um dem Herzen Raum zu geben. Je mehr Zeit du dir gibst, in dein Gefühl und die damit auftauchenden Bilder zu gehen, desto stärker kann sich dein Wunsch verankern.

Eine Intention zu setzen ist nicht so kompliziert, wie es vielleicht zuerst für dich klingt. Die Intention kommt zu dir. Probiere es einfach einmal aus und setze dir morgen Früh eine Intention für deinen Tag.

Anleitung: Eine kraftvolle Intention setzen

1

Bleibe in der Ruhe und spüre dein Herz.

2

Frage dich:
»Was möchte ich heute einladen? Was möchte ich heute erschaffen?«
»In welcher Energie/Schwingung möchte ich sein?«

3

Lasse Bilder und Gefühle aufsteigen.

4

Formuliere einen positiven Satz zu dem, was in dir aufgekommen ist.
Schreibe den Satz auf.

5

Spüre nach. Verbinde dich wieder mit deinem Herzen und lies dir deine Intention laut vor.

6

Spürst du Freude und positive Gefühle in dir aufsteigen?
Dann ist es deine Intention für den Tag.
Fühlt es sich eher schwer an, geh noch einmal zurück in die Stille und wiederhole die Fragen von Nr. 2.

Tipps für dein Ritual zu Hause

Wir möchten dich gleich zu einem geführten Kakaoritual einladen und dann mit auf eine Ritualreise durch die vier Jahreszeiten nehmen, auf der du einige unterschiedliche Herangehensweisen kennenlernen wirst.

Zuvor haben wir hier noch ein paar Tipps für dich, wie du dir dein Ritual so angenehm wie möglich gestaltest.

Ob du eines der von uns angebotenen Rituale durchführen möchtest oder ein eigenes: Berücksichtige die folgenden Hinweise. Bei unseren Beschreibungen der Rituale im Folgenden führen wir das Vorgehen jeweils detailliert aus.

Suche dir deinen Wohlfühlplatz und mache es dir mit Kissen und Decken gemütlich. Wir empfehlen, auf dem Boden zu sitzen, um der Erde etwas näher zu sein.

Räuchere deinen Wohlfühlplatz und dich selbst, bevor du mit dem Ritual beginnst. Hierfür eignet sich weißer Salbei. Beim Räuchern kannst du dir innerlich den Satz sagen: »Es darf jetzt alles gehen, was nicht zu mir gehört und in diesem Moment nicht gebraucht wird.«

Stelle dir Kraftgegenstände, Kerzen, etwas Wasser zum Trinken und Schreibutensilien bereit.

Falls du Musik für dein Ritual haben möchtest, stelle dir vorher eine Playlist zusammen. Du kannst natürlich auch eine unserer Playlists nutzen (siehe cacaoloves.me).

Schalte dein Handy aus und sorge dafür, dass du nicht gestört wirst.

Bereite dir deinen Kakao zu und fülle ihn in deine Lieblingstasse.

Setze dir eine Zeit, wie lange dein Ritual gehen soll. Manchmal dauert es ein bisschen, bis der Kakao wirkt und du die Botschaften empfangen kannst. Es ist wichtig, dass du dir erlaubst, zur Ruhe zu kommen.

Dann beginnst du mit deinem Ritual, indem du dir für das Ritual einen Fokus setzt, den du als Intention in deinen Kakao gibst. Du kannst den Kakao jedoch auch bitten, dass er dir zeigen soll, was gerade wichtig für dich ist.

Genieße nun jeden einzelnen Schluck. Lass dich von dem Kakao-Spirit leiten, lass dich von ihm erfüllen.

Um das Ritual abzuschließen, bedanke dich bei dir und allem, was dir Kraft gegeben und dich unterstützt hat, und beende das Ritual beispielsweise mit den Worten: »Ich bin wieder voll und ganz in meinem Körper und im Hier und Jetzt.«

Kakaorituale mit anderen

Nun möchten wir auf noch einen Bereich der Kakaorituale eingehen: Kakaorituale in größeren Kreisen. Denn vielleicht erwägst du, mit so einer Zeremonie zu beginnen.

Wir bieten auch solche Kakaorituale mit mehreren Personen an und werden deshalb oft gefragt, was bei dieser Form im Gegensatz zu dem Ritual bei dir zu Hause geschieht. Unsere eindeutig uneindeutige Antwort hierauf lautet: »Das ist ganz unterschiedlich, denn es kommt darauf an, wer der oder die Raumhalter*in ist, welcher Fokus gesetzt wird, was das Thema des Rituals ist.« Wenn du an einem solchen Kakaoritual mit anderen teilnehmen möchtest, schaue dir vor einer Buchung immer an, wer ein Kakaoritual anbietet und was der Schwerpunkt des Rituals ist.

Im Folgenden möchten wir dich einmal mitnehmen und dir zeigen, wie ein Ritual im größeren Kreis von cacaoloves.me aussieht. Natürlich gibt es auch hier Unterschiede. Unsere Rituale ändern sich stetig, denn wir bringen immer wieder neues Wissen und weitere Erfahrungen mit ein. Kakaorituale sind etwas sehr Persönliches und dürfen sich also mit uns verändern. Die Kernelemente sind jedoch gleich. Es wird zum Beispiel immer Kakao getrunken, da kannst du dir sicher sein!

Ankommen

Wir geben unseren Teilnehmer*innen die Möglichkeit, im Raum und ganz bei sich anzukommen – aus dem Alltag heraus und hinein in einen bewussten Ritual Space. Hier ist es uns wichtig, dass wir uns Zeit nehmen, diesen Übergang so angenehm wie möglich zu gestalten. Die Menschen betreten den energetisch gereinigten Raum und werden auch selbst zum Beispiel mit weißem Salbei abgeräuchert.

Nach dem Abräuchern sucht sich jede*r einen Platz im Raum, an dem sie*er sich wohlfühlt, und lauscht den Klängen der Musik. Oft erleichtern wir das Ankommen durch eine kleine Wahrnehmungsmeditation.

Schutzraum

Wir möchten unseren Teilnehmer*innen einen Raum eröffnen, in dem sie sich fallen lassen können. Einen Raum, in dem sie wieder ganz zu sich selbst und zu ihrer Essenz zurückkehren können. Hierfür gibt es zu Beginn der Veranstaltung sogenannte Agreements, welche der Sicherheit des Raumes dienen. Es geht uns nicht darum, irgendwelche starre Regeln aufzustellen oder die Teilnehmer*innen einzuschränken. Vielmehr helfen diese Guidelines, dass sich jede*r möglichst sicher und frei fühlen kann. Unsere Guidelines lauten:

»Alles, was in unserem Schutzraum passiert, soll auch hier bleiben.«

»Wir übernehmen Eigenverantwortung und achten gleichzeitig auf unsere Mitreisenden.«

»Der Mensch ist von Natur aus ein soziales, mitfühlendes Wesen. Wenn jede*r Einzelne mit sich verbunden ist, können wir gar nicht anders, als nur das Beste für unsere Mitmenschen und für alles um uns herum zu wollen.«

Die Agreements werden von den Teilnehmer*innen angenommen, indem sie eine Hand auf ihr Herz legen.

Wissen

Bei jedem unserer Rituale möchten wir einen Teil unseres Wissens über Kakao weitergeben. Wir achten hier natürlich darauf, dass wir keinen langen Vortrag halten. Uns ist es wichtig, dass die Menschen vor allem ihre eigene Erfahrung mit der Kakao-Medizin machen. Zugleich möchten wir etwas von der Geschichte und Tradition des Kakaos weitergeben. Schließlich hat Kakao eine jahrtausendealte Kulturgeschichte. Es gibt viel über Kakao zu erzählen und wir lernen jeden Tag Neues dazu.

Nach diesem geistigen Ausflug in die Welt des Kakaos ist es Zeit, dass unsere Teilnehmer*innen einander ein bisschen kennenlernen.

Kennenlernen

Wir setzen uns alle in einen großen Kreis, sodass wir uns gegenseitig sehen können. Wir begrüßen uns, indem wir einmal im Kreis herumschauen und ein Lächeln miteinander teilen. Darauf folgt eine Check-in-Runde. Hierfür geben wir unseren Talking-Stick herum. Jede*r, der oder die den Redestab hält, darf sich jetzt einmal zeigen. Wir laden die Teilnehmer*innen dazu ein, ihren Namen und ein Wort zu sagen. Manchmal fragen wir nach einem Wort, das das vorherrschende Gefühl beschreibt, oder auch, was man sich für das Ritual wünscht. Das variiert auch mit den Themen der Rituale.

Das ist der Moment, in dem wir anfangen, uns mehr unseren Gefühlen und unserer Intuition zu öffnen. Hier gibt die Kakao-Medizin im nächsten Schritt ihre verstärkende Kraft hinzu.

Kakao-Moment

Wir bereiten unseren Kakaotrunk bereits vor dem Eintreffen der Gäste zu. 30 Gramm Kakao pro Person, mit Pflanzenmilch (meist nehmen wir Hafermilch), Zimt und Chili oder unsere eigene Gewürzmischung. Einer unserer Lieblingsmomente ist es, wenn wir unseren Kakaokrug in den Raum bringen. Für unsere Rituale in Berlin haben wir extra einen großen Krug und Trinkgefäße von Hand anfertigen lassen.

Wir füllen den Kakao in die Gefäße und reichen sie den Teilnehmer*innen. Diese wiederum geben die Tassen so lange weiter, bis sie eine Tasse erhalten haben, bei der sie das Gefühl haben, dass diese für sie bestimmt ist. Gleichzeitig laden wir den Kakao-Spirit ein, mit uns zu sein und uns bei der bevorstehenden Reise zu unterstützen.

Kakao hat eine besondere Pflanzenseele, welche sanft und haltend wirkt. Diese Seele möchte von uns eingeladen werden und die Erlaubnis bekommen, mit uns zu arbeiten und ihr Wissen mit uns zu teilen. Wenn jede*r ihren*seinen Kakao hat, kommen wir in die Stille. Wir atmen in unser Herz und verbinden uns mit unserer Intention und unserem Wunsch. Diesen flüstern wir in unseren Kakaobecher.

Was danach kommt, lässt sich mit Worten wohl nur noch schwer beschreiben und ist bei jedem Ritual anders. Meist folgen bewusste Atem-, Meditations- und Kontaktübungen. Auch zum Yoga und Tanzen wird Kakao gerne getrunken. Natürlich wird zum Abschluss der Raum genauso bewusst geschlossen, wie er geöffnet wurde.

Ein Kakaoritual ist ein Date mit dir selbst!
Du nimmst dir Zeit für dich,
gibst dir Aufmerksamkeit
und findest heraus,
was dich im Herzen bewegt.
Hierbei kommt
es nicht auf die Länge,
sondern auf die Qualität
des Kontaktes an.
Du bist der wichtigste Mensch
in deinem Leben,
behandle dich auch so.

Einladung zu einem geführten Kakaoritual

Du hast nun bereits viel über die faszinierende Welt des Kakaos erfahren. Jetzt ist die Zeit gekommen, selbst in die Magie dieser Pflanze einzutauchen.

Zum Einstieg möchten wir dich zu einem geführten Kakaoritual einladen. Du kannst dieses Ritual online mit uns erleben. Folge einfach diesen Schritten:

1

Bereite dir deinen Kakao zu.

2

Fotografiere den QR-Code ab oder rufe diesen Link auf.

https://cacaoloves.me/pages/guided-cacao-ritual

3

Setze dich an einen gemütlichen Ort, an dem du dich wohlfühlst. Sorge dafür, dass du 25 Minuten ungestört sein wirst.

4

Lege deine Hand auf dein Herz, atme tief ein und aus, und spüre die Vorfreude auf das, was dich erwartet.

Diese geführte Kakaozeremonie ist deine persönliche Reise in die Welt des Kakaos. Sie ist zugleich eine Einstimmung auf die weiteren Rituale, die in den nächsten Kapiteln auf dich warten.

12 Kakaorituale *für das ganze Jahr*

Kakao wurde früher und wird ebenso heute gerne zu wichtigen Jahresereignissen und -übergängen genutzt. Deshalb reichen wir dir nun zwölf Rituale, mit denen du durch das ganze Jahr reisen kannst.
Wenn du möchtest, halte deine Erfahrungen und deine Erkenntnisse aus den einzelnen Kakaoritualen in einem dafür angelegten Buch fest. So kannst du am Ende des Jahres deine Reise und dein Erleben als Ganzes sehen.

Jahresbeginn

Verbinde dein Herz mit deinem Verstand

Willkommen im neuen Jahr! Dies ist die Zeit, dich mit einem Kakaoritual energetisch für das Jahr auszurichten. Wichtig ist dabei, das Herz und die eigenen Grenzen wahrzunehmen. Dieses Ritual zum Jahresstart ist hierfür wunderbar geeignet.

Wir schauen ehrlich in uns, ob wir Dinge tun, die nicht im Einklang mit unserem Herzen sind. Wir lassen diese in Dankbarkeit los, um Platz für das zu machen, was wirklich für uns bestimmt ist.

Vorbereitung zum Ritual

Sorge dafür, dass du Zeit und Raum für dich hast. Bereite dir einen wohltuenden Kakao zu und kuschle dich auf deinen Lieblingsplatz. Mache es dir mit Kerzen, Blumen und anderen Gegenständen, die dir Kraft schenken, schön. Komme in einen aufrechten Sitz und atme tief ein und aus. Beim Ausatmen kannst du dir vorstellen, wie alles, was du nicht mehr brauchst, von dir weggeht. Beim Einatmen kannst du die frische Energie des neuen Jahres einatmen.

Beginne dein Ritual

1

Lade den Cacao Spirit ein, dich bei diesem Ritual zu unterstützen. Sprich eine Intention in deinen Kakao und trinke diesen Schluck für Schluck.

2

Stell dir nun diese Frage:
Was darf ich noch loslassen, um kraftvoll in meiner Wahrheit in das neue Jahr zu starten?

3

Lass alles kommen, was kommen mag. Stelle dir vor, wie all das, was nicht mehr zu dir gehört, unter einem goldenen Wasserfall von dir abgespült wird. Erlaube dir, in Liebe und Dankbarkeit loszulassen. Es darf ganz einfach sein, ohne Widerstand und Härte.

4

Frage dich danach:
Was möchte ich für das neue Jahr einladen –
welche Visionen und Ziele habe ich?
Welche tieferen Wünsche stehen hinter meinen Zielen und Visionen?

5

Zum Schluss kannst du dich noch fragen:
Welche Routinen, Strukturen und Rituale helfen mir, meine Wahrheit zu leben? Und welche lenken mich vom Wesentlichen ab?

Denke gar nicht lange über die Antworten nach. Schreibe intuitiv auf, was als Erstes kommt. Schreibe dann einfach weiter. Der Kakao wird dich bei diesem Prozess unterstützen.

6

Wenn du alles aufgeschrieben hast, was für dich wichtig war, komm noch einmal in den aufrechten Sitz. Lege eine Hand auf dein Herz.
Sage dir innerlich den Satz:
Ich darf mit Leichtigkeit alle meine Ziele und Wünsche erreichen, so wie ich es mir vorstelle oder noch besser.

7

Bedanke dich bei dir selbst, deinem Herzen und dem Cacao Spirit und beende damit das Ritual.

Februar

Wohlfühlritual für innere Wärme

Dieses Ritual darf dein Herz und dein ganzes Gemüt erwärmen.

Der Februar ist für mich immer besonders herausfordernd.

Die Weihnachtszeit liegt schon eine Weile zurück und bis

zum Frühling dauert es auch noch.

In dieser dunklen Zeit finde ich es besonders wichtig,

sich innerlich zu nähren und mit Wärme aufzuladen.

Darum haben wir dieses Wohlfühlritual für dich gestaltet.

Möge es dir die kalten Tage erwärmen.

Vorbereitung zum Ritual

Mache dir einen warmen Kakao und kuschle dich in eine Decke ein. Zünde dir Kerzen an. Vielleicht möchtest du auch ein besonderes Duftöl nutzen. Alles, was dir hilft, in eine gemütliche Stimmung zu kommen, ist willkommen.

Beginne dein Ritual

1

Komm in einen aufrechten Sitz und nimm einen ganz tiefen Atemzug in dein Herz. Frage dein Herz, was es gerade braucht und was es sich wünscht. Das Erste, was kommt, ist richtig. Lass diesen Wunsch als Intention in deinen Kakao fließen.

2

Richte deine Aufmerksamkeit weiterhin auf dein Herz und stell dir vor, wie es mit jedem Atemzug ein wenig größer wird und anfängt zu leuchten.

3

In welcher Farbe leuchtet dein Herz? Stell dir vor, wie dieses Leuchten und die damit verbundene Wärme sich in deinem ganzen Körper ausbreitet.

4

Lass eine Person oder Situation vor deinem inneren Auge auftauchen, die dich sehr berührt hat. Die dein Herz erwärmte.

5

Welche Eigenschaften oder Besonderheiten dieser Person oder Situation haben dich fasziniert? Lade diese Eigenschaften ein, auch Teil von dir zu werden. Beobachte danach, wie all das in dich fließt. Spüre weiter die Wärme in deinem Körper.

6

Mache dir nun entspannende Musik an und lege dich auf den Rücken. Verbinde dich wieder mit all den Bildern und Gefühlen, die aufgekommen sind. Lass diese so lange deinen ganzen Körper durchströmen, bis du dich vollkommen wohlig und aufgeladen fühlst.

7

Komm wieder zum Sitzen, strecke die Hände nach vorne und oben und sende ein bisschen von dieser aufgekommenen Liebe und Wärme zu einer Person oder zu einem Ort deiner Wahl. Schließe damit dieses Ritual ab.

Frühjahr

Komm in deine Kraft mit dem Löwenherz-Ritual

Dieses Ritual ist perfekt, um dich nach den langen
Wintermonaten zu stärken und zu aktivieren.
Wir laden dich ein, dich selbst zu feiern, und heißen damit
den Frühling im Inneren und Außen willkommen.
Zudem darf das Löwenherz-Ritual deine zwischenmenschlichen
Beziehungen stärken und nähren. Lass alles heraus,
was in dir schlummert, und teile die aufkommende Liebe
mit deinen Herzensmenschen.
Spüre die durchdringende Freude in dir!

Vorbereitung zum Ritual

Bereite dir einen leckeren Kakao zu und suche dir einen Ort, an dem du ungestört bist und es auch etwas lauter werden darf. Stelle dir eine Box oder etwas anderes bereit, um später Musik hören zu können. Lege auch einen Stift und etwas Papier bereit. Zunächst kannst du eine Weile aufrecht stehen und dir vorstellen, wie du alte Energie aus deinem Körper in den Boden fließen lässt und nahrhafte Energie aus dem Boden ziehst und in deinem ganzen Körper verteilst.

Beginne dein Ritual

1

Nimm dir einen Moment, um dich mit dem Kakao-Spirit und mit dem Löwenanteil in dir zu verbinden. Du kannst diese auch mit Worten einladen, zum Beispiel: »Ich lade den Kakao-Spirit und meinen Löwenanteil ein, jetzt und hier präsent zu sein.«

2

Trinke deinen Kakao und sprich innerlich deine Intention für dieses Ritual. Öffne dich dabei für deine Größe, deine Stärke und dein Löwenherz.

3

Mache dir nun dein Lieblingslied an, bei dem du in »Feierstimmung« kommst. Bewege dich, tanze und komme in den Moment.

4

Was fühlst du jetzt? Nimm dir ein Blatt und schreibe drei deiner Eigenschaften auf, für die du dankbar bist.

5

Schreibe danach drei Eigenschaften auf, die du in dir noch verstärken oder einladen möchtest.
Danach notiere intuitiv drei Menschen, die du mit diesen Eigenschaften in Verbindung bringst. Gerne auch Menschen in deinem Umfeld.

6

Lade die genannten Eigenschaften für dieses Jahr ein. Du kannst visualisieren, wie sie in dir wachsen. Stell dir einen Kern vor, aus dem ein Keim entspringt und eine wunderschöne Blume entsteht.

7

Bedanke dich beim Kakao-Spirit und schließe das Ritual ab.

Teile im Anschluss deine gewonnene Liebe und Freude.
Rufe jemanden aus deinem Umfeld an oder schreibe ihm/ihr und sag, was du an dieser Person wertschätzt.
Falls die Person für dich jetzt nicht zu erreichen ist, kannst du ihr auch energetisch deine Wertschätzung senden.

Walpurgis-
nacht

Entfache dein Feuer mit einem Beltane-Ritual

Am 30. April ist Walpurgisnacht und in der Nacht
zum ersten Mai wird auch Beltane, das keltische Fest, gefeiert.
Beltane verkündet den Sommer.
Es heißt, dass die Grenzen zwischen den Welten in dieser Nacht
sehr durchlässig sind. Der 30. April eignet sich deshalb besonders gut,
um mit deinem Kraftwesen in Kontakt zu treten und
um in deine Zukunft zu sehen.
Außerdem ist es die richtige Gelegenheit, neue Samen zu säen.
Lade für die kommende Zeit mehr Kreativität, Fülle,
Gesundheit und Liebe in dein Leben ein.

Vorbereitung zum Ritual

Ein wichtiges Element für Beltane ist das Wasser. Nimm am Abend des 30. April ein reinigendes Salzbad und spüle damit Altes ab. Alternativ kannst du auch deine Hände in Salzwasser reinigen. Das eigentliche Ritual kannst du am 30. April oder am 1. Mai durchführen. Bereite dir hierfür mit viel Achtsamkeit deinen Kakao zu und stelle dir eine feuerfeste Schale bereit.

Beginne dein Ritual

1

Mache es dir mit deinem Kakao gemütlich und lade den Kakao-Spirit ein, dich bei deinem Ritual zu unterstützen. Trinke deinen Kakao in Stille.

2

Wenn du einen Garten oder Balkon hast, kannst du in einer Feuerschale ein Feuer entfachen. Bist du in der Wohnung, zünde symbolisch eine große Kerze an. Stelle dir beim Anzünden dieses Feuers vor, wie du dein inneres Feuer entfachst. Du kannst dir den Satz sagen: »Nach den dunklen Wintertagen darf mein inneres Feuer jetzt wieder ganz klar und warm leuchten.«

3

Halte kurz inne und schau in dich.
Wofür brennst du? Schreibe dir ein oder mehrere Dinge auf, für die du brennst. Welche Samen dürfen jetzt gesät werden,

um in den nächsten Wochen zu erblühen?
Und was brauchst du, damit diese Samen aufblühen können?
Sei hier möglichst konkret.
Etwa: »Um mein zweites Standbein aufblühen zu lassen, nehme ich mir jeden zweiten Abend von 20 bis 22 Uhr Zeit, um an meiner Idee zu arbeiten und sie umzusetzen.«

4

Begib dich in eine bequeme Sitzhaltung und lasse Bilder in dir aufkommen. Frage dich, wie es sich anfühlt, wenn deine Samen sprießen und sich dein Vorhaben erfüllt.

Wie gesagt, die Grenzen der Welten sind in dieser Nacht sehr offen. Dir wird es viel leichter fallen, einen Blick in die Zukunft zu erhaschen.

Bade in diesen Bildern und Gefühlen.
Der Kakao-Spirit wird dich auf dieser Reise begleiten und kann dir Botschaften senden.

5

Bedanke dich am Ende bei all den Kräften, die dich unterstützt haben, und schließe damit das Ritual ab.

Sommer

Ein Liebesritual für Verbindung & Leidenschaft

Die langen Nächte im Sommer, viel Sonne und warme Tage wecken unsere Lebensfreude und so auch Leidenschaften und tiefe Gefühle. Diese Energie kannst du nutzen, um mit dem folgenden Ritual deine eigene Sinnlichkeit, Impulsivität und animalischen Instinkte wieder anzuregen. Kakao weckt diese Gefühle und ist bekannt als Aphrodisiakum. Dieses Liebesritual kannst du zu zweit durchführen oder als Selbstliebesritual mit dir alleine.

Vorbereitung zum Ritual

Richte dir einen schönen Platz ein. Bereite den Kakao mit all deiner Liebe und Bewusstheit zu.
Der Sommer hält viel Impulsivität bereit. Bewege dich deshalb zunächst ein wenig. Stelle Musik an und schüttle dich einige Minuten lang und tanze.
Lass alle Energie fließen, die fließen möchte.
*Führt ihr das Ritual zu zweit durch, nehmt euch auch für die Vorbereitung so viel Zeit und Ruhe, wie jede*r von euch braucht.*

Beginne dein Ritual

1

Atme ein paar Minuten tief in dein Herz.
Machst du das Ritual mit deinem Herzensmenschen, setzt euch gegenüber und schaut euch in die Augen. Versuche den Menschen vor dir mit frischen, unvoreingenommenen Augen zu sehen.

2

Schreibt drei Dinge auf, die ihr an dem oder der anderen wertschätzt. Tauscht eure Zettel und lest sie vor. Das kannst du auch für dich selbst machen.

3

Platziert beide euren vorbereiteten Kakao direkt vor euer Herz. Spürt, was ihr eurem Gegenüber von Herzen wünscht. Sprecht diesen Wunsch dann in die Kakaotasse.

4

Danach tauscht ihr die Tassen und trinkt gemeinsam den Kakao.
Dabei legt jede*r die Hand auf das Herz des oder der anderen.
Lasst euch hier viel Zeit. Nehmt jeden Schluck ganz bewusst zu euch.
Ihr könnt dabei sagen: »Mit jedem Schluck Kakao öffnet sich
mein Herz ein Stück weiter.«

5

Kommt wieder ganz in eurem Raum an und meditiert für
ein paar Minuten in Stille.

6

Nun ist Zeit für das, was der Kakao mit euch / dir machen möchte.
Vielleicht spürt ihr den Impuls, nochmals zu tanzen,
oder ihr tauscht ein paar bewusste Berührungen aus. Lasst euch
von euren Herzen und dem Kakao führen.

7

Bedankt euch beim Kakao-Spirit und schließt das Ritual ab,
indem ihr zwei Dinge nennt, für die ihr gerade sehr dankbar seid.

Juni

Ein Energieritual für Veränderung & Neuausrichtung

Die Energie des Sommers kannst du auch für Veränderungsprozesse nutzen. Dieses Ritual eignet sich besonders gut, um eine vielleicht schon länger von dir herbeigesehnte Neuausrichtung zu bewirken. Es soll dich bei neuen Vorhaben bestärken und gibt dir frische Energie. Es ist also eine wunderbare Gelegenheit, um sich auf große und kleine Ziele zu konzentrieren und das ins Leben einzuladen, was wir uns wirklich von Herzen wünschen.

Vorbereitung zum Ritual

Suche dir einen Kraftort und mache dir entspannte Musik an.
Du kannst auch unsere Playlist für Rituale und Meditationen abspielen:
https://cacaoloves.me/blogs/cacao-blog/cacao-musik-fur-deine-seele
Lege auch Stift und Papier bereit. Bereite dir deinen Kakao zu
und spüre schon während des Rührens in dich hinein.
Frage dich: »Was ist gerade mein größter Wunsch?
Was möchte ich für dieses Jahr noch in meinem Leben einladen?«

Beginne dein Ritual

1

Setze dich mit deinem Kakao in einen gemütlichen, aufrechten Sitz.
Nimm ein paar tiefe Atemzüge und lade den Kakao-Spirit ein,
mit dir zu sein und dich zu führen.

2

Schließe deine Augen und frage dein Herz,
für was es sich öffnen möchte. Welchem Ziel, welchem Vorhaben
möchtest du dich in der nächsten Zeit widmen?
Die erste Antwort ist die richtige. Du sprichst nicht mit deinem Ego.
Du bist im direkten Kontakt mit dem Kakao-Spirit,
deinem Herzen und deiner Intuition.

3

Sprich deine Intention, das, wofür du dich öffnen möchtest, in den
Kakao und trinke ihn danach langsam und bewusst.

4

Frage dich: »Wie fühlt es sich an, wenn ich mein Vorhaben in die Tat umsetze? Mit wem bin ich zusammen? Wo bin ich? Wie sehe ich dabei aus?« Lass Bilder und Gefühle aufsteigen.

5

Jetzt wird es ganz praktisch: Schreibe dir dein Ziel auf. Danach fasse zu diesem Ziel drei konkrete Schritte zur Umsetzung in Stichworte. Eine Sache, die du noch heute machen wirst. Eine Sache, die du bis zum Ende der Woche erledigst, und eine Sache, die du bis Ende des Monats in die Tat umsetzt.

6

Zum Schluss bedanke dich für das Erreichen deines Zieles. Formuliere es so, als ob es schon Realität geworden ist. Das könnte beispielsweise in etwa so klingen: »Danke, dass ich mein neues Zuhause in XY gefunden habe; mit großem Garten, hellem Wohnzimmer ...« Alles, was du bei der Meditation gesehen hast, kannst du hier zusammenführen. Schließe damit das Ritual ab.

Sommer-sonnenwende

Ein Kakaoritual für mehr Dankbarkeit und Freude

Den längsten Tag im Jahr markiert die sogenannte Sommersonnenwende. Sie ist in vielen Kulturkreisen ein wichtiger Feiertag. Überall kamen seit Urzeiten und kommen auch heute Menschen zusammen, um sich zu verbinden und den Sommer willkommen zu heißen. Die Kelten feierten die Sommersonnenwende sogar zwölf Tage lang. Es war ein Dankes- und Freudenfest, da die Natur nun so viele Schätze mit den Menschen teilte.

Wir möchten diese alten Bräuche ehren und dir dieses besondere Ritual reichen.

Vorbereitung zum Ritual

Zu diesem Anlass bietet es sich an, das Ritual draußen durchzuführen, um noch näher mit der Natur verbunden zu sein. Suche dir einen geeigneten Platz für dein Kakaoritual. Fülle deinen Kakao in eine Thermoskanne und nimm auch etwas zum Schreiben.
Du kannst das Ritual natürlich auch bei dir zu Hause machen. Stelle ein paar Kerzen und Kraftgegenstände auf.

Beginne dein Ritual

1

Stelle dich zu Beginn des Rituals aufrecht hin. Schüttele einmal deinen ganzen Körper durch. Du kannst alles herausschütteln, was du nicht mehr brauchst. Streiche danach mit deinen Händen von deinem Kopf bis zu deinen Füßen deinen Körper ab. Sei hier ruhig ein bisschen dynamischer und wiederhole den Vorgang mindestens dreimal. Stelle dir vor, wie alles Alte von dir abfällt.

2

Setze dich danach in einen aufrechten Sitz und nimm drei tiefe Atemzüge in dein Herz. Stelle dir dabei vor, wie dein Herz mit jedem Atemzug größer wird und wächst.

3

Lade den Kakao-Spirit ein, mit dir hier zu sein.
Schließe die Augen und sprich deine Intention in den Kakao.
Trinke diesen in Liebe und Dankbarkeit.

4

Stelle dir vor, wie goldenes Licht von oben in deinen Kopf fließt und sich in deinem ganzen Körper verteilt. Alle deine Zellen werden mit diesem Licht und mit neuer Lebensenergie aufgeladen. Frage dich: »Wie möchte ich mein Licht teilen?«

5

Schreibe nun drei Dinge auf, für die du jetzt gerade sehr dankbar bist und warum. Zum Beispiel: »Ich bin dankbar für meine Selbstständigkeit, weil ich mich dadurch kreativ ausleben kann.« Schreibe auch auf, wie du dein Licht mit der Welt teilen möchtest. Beispiel: »Ich teile mein Licht mit der Welt, indem ich diese Woche meinen Kurs fertigstelle und ihn nächsten Monat herausbringe.«

6

Schließe danach noch einmal die Augen und lade nun die strahlendste Version deiner selbst ein. Wie siehst du aus? Was tust du? Wie fühlst du dich, wenn du dein Licht mit der Welt teilst? Genieße die aufkommenden Bilder und Gefühle und beende damit das Ritual.

Spätsommer

Ein Ritual für deine Schöpfer- und Verantwortungskraft

Bei diesem Ritual stehen Verantwortungsbewusstsein
und langfristige Ziele im Fokus.
Vielleicht hört sich das erst mal nicht so spannend an,
es ist jedoch ein wundervoller Weg hin zu innerer Freiheit.
In dem Moment, in dem wir Verantwortung für unsere Gefühle
und unser Handeln übernehmen,
werden wir vom Opfer zum Schöpfer unserer Realität.
Dieses Ritual hilft dir, diese Kraft zu aktivieren.

Vorbereitung zum Ritual

Bereite dir deinen Kakao zu, suche dir einen ruhigen Ort und gehe in die Stille. Nimm drei tiefe Atemzüge in deinen Solarplexus. Du kannst auch eine Hand auf deinen Bauch legen und für ein paar Atemzüge beobachten, wie sich deine Bauchdecke hebt und senkt. Komme nach ein paar Minuten wieder zur Ruhe und nimm deinen Kakaotasse in beide Hände.

Beginne dein Ritual

1

Fühle deine Tasse, rieche am Kakao und halte dein Ohr über die Öffnung der Kakaotasse, bevor du deine Intention setzt und den ersten Schluck Kakao nimmst.

2

Erinnere dich an eine Situation, in der du dich über jemanden geärgert hast. Lass die Situation aufsteigen und geh noch mal hinein in das Gefühl. Lass einen Satz kommen, den du dieser Person sagen möchtest oder vielleicht gesagt hast.
So etwas wie: »Ich fühle mich von dir alleingelassen.«

3

Frage dich, wann du diesen Satz das erste Mal gedacht hast und dieses Gefühl erstmals präsent war.
Nimm nun einen tiefen Atemzug in dein Herz.

Du wirst sehen, dass du das Gefühl schon kanntest, bevor dich diese Person wütend oder traurig gemacht hat. Werde dir darüber bewusst, dass das Außen dir nur hilft, unverarbeiteten Schmerz in deinem Inneren heraufzuholen und herauszubringen, um ihn zu heilen und loszulassen.

4

Nimm einen weiteren Atemzug in deinen Solarplexus und sage dir nun: »Ich übernehme die Verantwortung für mein Leben; ich bin nicht mehr Opfer meiner Vergangenheit.« Danke dem Schmerz, dass er dich begleitet hat, und wenn jetzt die Zeit dafür ist, lasse ihn in Liebe los.

5

Du kannst visualisieren, wie ein Päckchen mit diesem Schmerz deinen Körper verlässt und nach oben wegschwebt. Vielleicht fühlst du jetzt sogar Dankbarkeit für diese Person, die dich geärgert hat.

6

Bedanke dich für alle Erkenntnisse und für die Kraft des Kakaos und beende damit dieses Ritual.

September

Ein Ritual für Erdung & Stabilität

Für den Herbstanfang haben wir ein Kakaoritual zum Spüren und Stärken deiner Erdung vorbereitet. Die erdige Kraft des Kakaos wird dich dabei unterstützen.

Bewusste Erdung ist für uns in der heutigen Zeit besonders wichtig. Wir sind nicht mehr so mit der Natur verbunden, wie es einmal war, und bewegen uns immer mehr in virtuellen Räumen.

Komme mit diesem Ritual wieder in die Verbindung mit Mutter Natur.

Vorbereitung zum Ritual

Bereite dir deinen Kakao zu und nimm dabei bereits den ersten Kontakt auf mit der ursprünglichen, erdigen Kraft dieser Pflanze. Suche dir einen ruhigen Platz. Setze dich auf den Fußboden oder gehe hinaus und setze dich dort auf die Erde. Wenn du hinausgehst, kannst du deinen Kakao einfach in eine Thermoskanne füllen und mitnehmen. Mache es dir auch dort mit einer Decke und ein paar Kraftgegenständen gemütlich.

Beginne dein Ritual

1

Nimm drei tiefe Atemzüge in dein Herz und stelle dir vor, wie du Energie von deinem Herzen bis hinunter zu deinen Füßen fließen lässt. Alles, was du nicht mehr brauchst, kannst du jetzt ganz bewusst an die Erde abgeben. Von dort ziehst du danach frische Energie über die Füße hinauf bis ins Herz.

2

Visualisiere den Kakaobaum, von dem dein Trunk stammt. Schau, wo er steht, was um ihn herum ist, wie genau er aussieht. Es ist egal, ob das Bild realistisch ist oder ein Fantasiebild. Lass einfach das kommen, was kommen mag.

3

Nimm deinen Kakao zu dir.
Mit jedem Schluck wirst du mehr und mehr eins mit der Kakaopflanze. Stelle dir vor, du bist dieser starke, weise Baum.
Sage dir den Satz: »Ich nehme alle wichtigen Nährstoffe über meine Wurzeln, meine Füße auf.«
Visualisiere nun, wie die Energie von der Erde über deine Füße in deinen ganzen Körper fließt.
Sage dir: »Ich werde von Mutter Natur getragen.
Alles ist für mich in Fülle da und ich erlaube mir zu empfangen.
Für mich ist jederzeit gesorgt.«

4

Stelle dich danach aufrecht hin und strecke deine Arme nach oben aus. Lasse sie wie Äste im Wind hin und her schwenken.
Gehe dann auf die Zehenspitzen und nach ein paar Sekunden wieder zurück auf deine Fersen.

5

Beende das Ritual, indem du dich bei dir, dem Kakao und Mutter Erde bedankst.

Samhain

Komm in Kontakt mit deinen Ahnen

Vom 31. Oktober auf den 1. November ist Samhain, eines der vier großen irisch-keltischen Feste. Das Jahr der Kelten wurde in zwei Jahreshälften unterteilt. Das Sommerhalbjahr – der »Jahrestag« – und das Winterhalbjahr – die »Jahresnacht«. Am 31.10. beginnt somit für die Kelten die Jahresnacht, und das ist für sie der Anfang eines neuen Jahres. Überlieferungen sagen, dass Verstorbene und Geister der Unterwelt in dieser Nacht den Lebenden erscheinen, um sich mit ihnen zu verbinden. Du kannst dies mit dem Samhain-Ritual unterstützen.

Vorbereitung zum Ritual

Baue dir einen kleinen Altar auf, zum Beispiel mit Bildern deiner Ahnen oder persönlichen Gegenständen, Kerzen und Edelsteinen – sei kreativ und folge deiner Intuition. Stelle zudem eine große Schale Wasser neben den Altar. Diese dient zum Schutz und zur Reinigung von negativen und störenden Energien. Lege auch Schreibzeug für dich bereit. Bereite für dich eine große Tasse Kakao zu und eine kleine Tasse für deine Ahnen.

Beginne dein Ritual

1

Eröffne innerlich einen Schutzkreis um dich und den Altar.

2

Nimm deine Tasse Kakao in die Hände und halte sie direkt vor dein Herz. Setze dich in einen aufrechten und für dich gemütlichen Meditationssitz hin.

3

Sprich deine Wünsche für das Ritual und die Namen der Personen, die du einladen möchtest, in deinen Kakao. Beginne deinen Kakao zu trinken und stelle dir vor, wie du mit jedem Schluck deine Intuition für das Übersinnliche und die Verbindung mit deinen Ahnen immer weiter öffnest. Sei aufmerksam und lausche den Botschaften, die zu dir kommen.

4

Jetzt kannst du konkrete Fragen oder Wünsche äußern
und einfach auf Empfangen gehen.
Schreibe alles Wichtige auf.

5

Danke am Ende des Rituals deinen Ahnen und bitte sie,
wieder dorthin zurückzukehren, wo sie hergekommen sind.

6

Beende dein Ritual, indem du den Schutzkreis schließt.
Gib das Wasser aus der Schale an die Erde zurück. Reinige deine
Umgebung mit weißem Salbei, um sie von allen aufgewirbelten und
»zurückgebliebenen« Energien zu reinigen.

Winter-sonnenwende

Lasse dein Licht leuchten

Die Wintersonnenwende ist der perfekte Zeitpunkt, sich mit einem Kakaoritual wieder dem Licht und sich selbst zuzuwenden: In vielen Kulturen wird die Sonnenwende gefeiert. Astrologisch endet an diesem Tag das alte Jahr und das neue Jahr beginnt. Die Tage fangen nun an, wieder länger zu werden – das Licht kehrt zurück.

Mit diesem Ritual kannst du auch dein inneres Licht zum Leuchten bringen.

Vorbereitung zum Ritual

Baue dir eine kleine Schwelle, zum Beispiel aus Stöcken, Zweigen, einem Seil oder was du eben da hast. Lege dir etwas zum Schreiben zurecht. Bereite dir danach eine Tasse Kakao zu. Gib bereits bei der Zubereitung deine Intentionen für das Ritual in den Kakao hinein. Mache dir Musik an, die dich in eine meditative, offene Stimmung versetzt.

Beginne dein Ritual

1

Stelle dich mit deinem Kakao vor deine gebaute Schwelle. Tritt dann ganz bewusst in deinen Ritualraum und damit in die neue Zeitqualität ein. Lass alles Alte hinter dir und spüre, wie sich bereits mit dem Übertreten etwas in dir verändert.

2

Setze dich in einen aufrechten und für dich gemütlichen Meditationssitz. Sprich deine Intention für das Ritual in deinen Kakao. Beginne deinen Kakao zu trinken und stelle dir vor, wie du dich mit jedem Schluck deinem höheren Selbst und deinem Licht öffnest.

3

Sei aufmerksam und lausche den Botschaften, die zu dir kommen.

4

Nimm dir nach der Meditation etwas zu schreiben.
Beantworte folgende Fragen:
Was hat der Kakao-Spirit mir gerade gezeigt?
Wie sieht die Welt aus, in der ich zukünftig leben möchte?
Was ist meine Aufgabe, um diese Welt mitzuerschaffen?

5

Verbinde dich noch einmal mit dem Bild deiner lichtvollen Welt und lass dich von diesem Licht innerlich fluten.

6

Bedanke dich am Ende dieses Rituals bei deinen geistigen Helfern und für das Entstehen dieser Welt. Stehe auf und gehe wieder ganz bewusst über die Schwelle. Danach kannst du diese abbauen, um den Raum damit ganz zu schließen.

Jahresende

Ein Ritual für den bewussten Wechsel vom Alten ins Neue

Die Tage zwischen Weihnachten und Neujahr liebe ich sehr.
Dann fühlt es sich an, als habe jemand die Welt auf Pause gestellt.
Seit Jahren nutze ich diese besonderen Tage, um zur Ruhe zu kommen
und das vergangene Jahr zu reflektieren.
Zudem schließe ich das Jahr mit Dankbarkeit ab,
für all die wertvollen Erfahrungen, die ich machen durfte.
Dieses Ritual ist eine Einladung, dein Jahr ganz bewusst
abzuschließen und dich für das Neue auszurichten.

Vorbereitung zum Ritual

*Ziehe dir, wenn du magst, etwas Festliches an,
und schmücke dich, um das Jahr gebührend mit diesem Ritual
abzuschließen.
Mache es dir mit einer Tasse Kakao gemütlich.
Lege dir etwas zu schreiben zurecht – vielleicht dein
Dankbarkeitsbuch, falls du eines hast.*

Beginne dein Ritual

1

Nimm dir die Zeit, die du brauchst,
um ganz in dem Moment anzukommen.

2

Verbinde dich mit dem Kakao, lade den Kakao-Spirit ein
und genieße deine Tasse Kakao.

3

Stelle deine Tasse beiseite.
Dann nimm dir für jede der folgenden Fragen ungefähr
10 Minuten Zeit und schreibe deine Antworten auf:
Welches waren die schönsten Erfahrungen des Jahres?
Welches waren die ehrlichsten Momente des Jahres?
Wie bist du dieses Jahr gewachsen? Was hat sich verändert?
Durch was oder wen wurde dein Leben dieses Jahr bereichert?
Von was oder wem hast du dich dieses Jahr verabschiedet?

4

Stelle dir vor, dass alles, was du dieses Jahr erlebt hast, in einer Schneekugel stattgefunden hat, welche du gerade in deinen Händen hältst.
Du kannst das ganze Jahr überblicken.
Du siehst die Zusammenhänge einzelner Ereignisse und den roten Faden in deiner Geschichte.
Was ist es doch für eine wundervolle Welt in deiner Schneekugel! Was für ein wundervolles und rundes Jahr samt aller Höhen und Tiefen!

5

Nimm bewusst die Rolle des Beobachters ein.
Du hältst immer noch das gesamte Jahr in einer Schneekugel vor dir in deinen Händen. Gehe ganz in das Gefühl von Dankbarkeit und Vertrauen hinein, und nun verabschiede dich von dem Jahr, indem du die Schneekugel schüttelst.
Der aufgewirbelte Schnee legt sich wieder und verwischt dabei alle Fußspuren.

6

Bade in den Gefühlen der Dankbarkeit und öffne dich für alles Neue, was kommen mag.

7

Beende das Ritual, indem du die Augen öffnest und einmal deinen ganzen Körper abklopfst.

12 Kakaorituale *für jeden Tag*

Du möchtest wahrscheinlich nicht erst zum nächsten Jahresereignis wieder ein Kakaoritual machen. Deshalb haben wir die folgenden zwölf Rituale für dich entwickelt. Immer, wenn du das Bedürfnis nach Verbindung mit deinem Inneren hast, kannst du durch diese Seiten blättern und dich zu dem in diesem Moment für dich richtigen Ritual führen lassen. Es ist auch wunderschön, ein Ritual mit einem oder mehreren Herzensmenschen durchzuführen.

Reinigung

Ein Ritual zum Klären deiner Energien

Alles ist Energie und diese fließt und tauscht sich aus.
Gerade, wenn wir mit vielen Menschen zusammen waren,
können wir uns manchmal etwas voll anfühlen
oder nicht richtig bei uns.
In solchen Situationen kannst du durch dieses Reinigungsritual
deine Energie klären und
wieder ganz in dir ankommen.

Vorbereitung zum Ritual

Wir können uns nicht überall und jederzeit, wenn es uns guttun würde, einen Kakao zubereiten. Dieses Ritual kannst du, wenn es gerade nicht anders möglich ist, auch ohne Kakao durchführen. Suche dir mit oder ohne Kakao einen ruhigen Platz. Stell dich aufrecht hin. Fange an, dich zu bewegen und zu schütteln, und stelle dir bereits jetzt vor, wie die erste Schicht von Energien, die du nicht mehr brauchst, von dir abfällt. Bewege dich so lange, bis es sich komplett anfühlt. Setze dich. Platziere deine Kakaotasse vor deinem Herz oder lege deine Hand auf dein Herz.

Beginne dein Ritual

1

Verbinde dich mit dem Kakao und/oder deinem Herzen und sprich eine Intention.

2

Trinke deinen Kakao und/oder atme tief in deinen Bauch ein und aus.

3

Schließe die Augen und lass wichtige Bilder und Gedanken der letzten Tage aufsteigen. Du kannst dich auch fragen: »Wo habe ich die letzten Tage Energie verloren oder aufgenommen?« Lass kommen, was kommen mag.

4

Sage dir dann innerlich: »Alles, was nicht zu mir gehört, darf jetzt und hier gehen. Alle Energien, die ich bewusst oder unbewusst von anderen angenommen habe und nicht zu meinem Höchsten und Besten sind, dürfen jetzt und hier gehen.«

5

Stell dir vor, wie goldenes Wasser von oben auf dich hinunterfließt und dich reinigt und auflädt mit neuer Energie.
Möchtest du dich noch physischer unterstützen, empfehle ich ein Salzbad direkt nach Vollmond. Gerade, wenn du Dinge losgelassen hast, kannst du diese damit wunderbar aus deinem System klären.

6

Trinke nach dem energetischen oder physischen Bad ganz viel Wasser. Nimm dir danach fünf bis zehn Minuten Zeit, deinen ganzen Körper zu spüren. Du kannst mit dem achtsamen Spüren oben am Kopf beginnen und langsam bis hinunter zu den Fußspitzen gehen.

7

Bedanke dich bei dir und allen Kräften, die dich unterstützen, und schließe damit das Ritual ab.

Visionsfindung

Im Einklang mit deinem Herzen

Wonach legst du deine Wünsche und Visionen fest?
Es gibt verschiedene Arten von Visionen und deren Herkunft.
Sie können aus Prägung, aus dem Kollektiv, auch aus Filmen
und vielen anderen Quellen stammen. Es gibt auch Visionen,
die direkt aus deinem Kern kommen und die tief im Einklang
mit deiner Seele beziehungsweise deinem Herzen sind.
Alles ist erlaubt.
Mit diesem Ritual schaust du bei der Visionsfindung
mehr auf die Herzensebene.

Vorbereitung zum Ritual

Bereite dir deinen Kakao zu und spüre bereits während der Zubereitung immer wieder in dein Herz. Mache es dir an einem schönen Platz gemütlich. Gerne kannst du diesen Platz auch einmal reinigen, indem du ihn räucherst. Lege dir etwas zu schreiben bereit.

Beginne dein Ritual

1

Setze dich hin, schließe die Augen.
Nimm ein paar tiefe Atemzüge und bitte den Kakao-Spirit, dir bei deiner Visionsfindung zu helfen und dir genau das zu zeigen, was heute für dich wichtig ist. Trinke danach deinen Kakao Schluck für Schluck und lass deine Aufmerksamkeit bei deinem Herzen.

Unser Verstand weiß ganz viel, was wir brauchen könnten. Heute möchten wir aber unsere Wünsche/Vision aus dem Herzen kommen lassen.

2

Frage dein Inneres:
»Wenn alles möglich ist, was würde ich von Herzen gerne tun?«
»Wenn dieses mein letztes Jahr wäre, was würde ich machen oder vielleicht auch sein lassen?«

3

Vielleicht hast du auch schon Ziele und Visionen für dieses Jahr. Du kannst dir diese mit geschlossenen Augen innerlich anschauen. Achte einmal darauf, wie sich dein Herz bei den einzelnen Zielen anfühlt. Wird es warm und weich? Wie fühlt sich dein Körper an? Spürst du Freude und Weite?
Bleibe so lange mit geschlossenen Augen sitzen, bis es sich für dich komplett anfühlt.

4

Bedanke dich bei dir und dem Spirit des Kakaos und spüre noch mal in dich hinein, ob es heute noch etwas für dich zu tun gibt. Vielleicht möchtest du, getragen von der Kakao-Medizin, heute schon die ersten mutigen Schritte zur Umsetzung deiner Vision gehen.

Wurzelchakra

Ritual zur Stärkung deines Urvertrauens

Urvertrauen ist ein großes Thema und für mich die Basis,
auf der unser Leben aufbaut. Viele Menschen versuchen,
Dinge in ihrem Leben zu heilen oder besser zu machen,
und kratzen hier aber oftmals lediglich an der Oberfläche.
Sie kümmern sich um die Symptome und nicht um die Ursachen.
Urvertrauen wurzelt in einer der tiefsten Ebenen,
die sich vor allem in den ersten drei Lebensjahren entwickeln.
Die gute Nachricht ist, auch das Urvertrauen kann nachgenährt werden
– zum Beispiel durch die Stärkung deines Wurzelchakras.
Hierzu reichen wir dir dieses Ritual.

Vorbereitung zum Ritual

Bereite dir deinen Kakao zu. Gehe am besten nach draußen. Setze dich auf die Erde. Ist unser Urvertrauen nicht ausgeprägt, fühlen wir oft das Bedürfnis, wie ein Kind von unserer Mama gehalten zu werden. Wir können uns daran erinnern, dass es Pachamama – Mutter Erde – gibt, die uns hält und trägt.

Beginne dein Ritual

1

Komme in einen aufrechten Sitz und sprich deine Intention in den Kakao. Es könnte so etwas sein wie: »Ich erlaube mir, Urvertrauen in mich einzuladen.« Oder: »Ich erinnere mich an das Gefühl von Urvertrauen.« Schau, ob noch etwas Eigenes kommt, das du in den Kakao geben möchtest.

2

Trinke deinen Kakao mit geschlossenen Augen und stell dir vor, wie Wurzeln von dir in die Erde gehen. Diese Wurzeln verbinden dich mit der Erde und mit einem großen Netzwerk an Informationen und Gefühlen. Du kannst dafür auch aufstehen und aufrecht fest auf dem Boden stehen.

3

Lade den Cacao Spirit und Mutter Erde ein, dich zu halten und dir Gefühle wie Selbstsicherheit, Selbstvertrauen, Vertrauen in das Leben, Mut und Weichheit zu schicken.

4

Stell dir vor, wie du mit deinen Wurzeln rote Energie aus dem Boden ziehst und diese in deinem ganzen Körper verteilst.
Sage dir innerlich: »Ich öffne mich für das Leben.
Ich fühle, dass jederzeit für mich gesorgt ist
und ich mich dem Leben hingeben darf.«

5

Frage dein Inneres:
»Wo und bei wem fühle ich mich zu Hause?«
»Wer oder was gibt mir ein Gefühl von Sicherheit?«
»Was kann ich heute tun, um mein Urvertrauen weiter zu festigen?«

6

Bedanke dich bei Mutter Erde, dem Cacao Spirit und dir selbst und schließe dieses Ritual ab, indem du dich einmal schüttelst und/oder eine Musik anmachst und noch mal bewusst und stark in deinem Körper bist.

Ich wünsche dir viel Freude bei diesem Ritual. Sei liebevoll und sanft mit dir. Wie anfangs schon geschrieben, ist dies ein tiefes und großes Thema. Dieses Ritual dient als Einstieg, und du kannst es auch immer wieder einmal für dich wiederholen. Vielleicht ist auch noch weitere Arbeit nötig, um dieses wichtige Gefühl nachzunähren.

Spiegelritual

Für mehr Selbstliebe & Verbundenheit

Jeder Mensch braucht Liebe! Vor allem Selbstliebe!
Widme dich liebevoll der wichtigsten und doch meist etwas
vernachlässigten Person im eigenen Leben – dir selbst.
Du bist der Mensch, der dich am besten kennt,
der mit dir durch dick und dünn geht, Tag und Nacht,
dich begleitet von der Geburt bis zum Tod. Ich finde,
das hat sehr viel Liebe und Zuneigung verdient.
Dieses Ritual ist eine Einladung, dir selbst ein Geschenk zu machen,
dich selbst zu ehren und dir selbst Liebe zu schenken.
All das kannst du mit diesem Kakaoritual.

Vorbereitung zum Ritual

Bereite den Platz deines Rituals liebevoll vor, so als würdest du dich mit deinem Traum-Date treffen. Es darf also üppig sein mit Blumen, schönen Decken und Kerzen. Mache dir deine Lieblingsmusik an, vielleicht sogar etwas Romantisches. Platziere einen Spiegel in deinem Setting und lege dir etwas zu schreiben bereit. Bereite dir deinen Kakao zu und schaue, dass du dabei möglichst schon in eine entspannte und liebevolle Haltung gehst.

Beginne dein Ritual

1

Trinke bewusst den Kakao und spüre in dich hinein, spüre dein Herz und deinen gesamten Körper, der dich schon dein Leben lang trägt, begleitet und am Leben hält. Erinnere dich, was dein Körper schon alles für dich getan hat, welche schönen Momente du durch ihn erlebt hast.

2

Stell dir vor, dass ein Mensch (oder mehrere), den du liebst, vielleicht ein Freund, eine Freundin oder ein Elternteil, da ist, und dass diese Person deine schönsten Eigenschaften beschreiben sollte. Was schätzt diese Person besonders an dir? Versuche so viel wie möglich zusammenzutragen, aber mindestens fünf Dinge. Es können auch alberne, lustige Dinge dabei sein. Schreibe sie auf.

3

Stell dir vor, wie diese Person dir sagt, was sie besonders an dir schätzt, und sich bedankt, dass du in ihrem Leben bist. Spüre, wie es sich anfühlt, diese Komplimente zu bekommen.

4

Nun schaue in den Spiegel, spüre dein Herz und die Liebe des Kakaos, und fühle noch all den Komplimenten nach, die in dir wirken.
Wie siehst du aus? Lächle in den Spiegel und versuche, dich mit dem Herzen wahrzunehmen.
Diese Person im Spiegel hat es geschafft, bis zum heutigen Tag auf diesem Planeten zu wandeln, Krisen zu überwinden, Hochs und Tiefs, großes Glück und auch Schmerz zu erleben.
Und jetzt sitzt sie hier und schenkt sich dieses Ritual!
Welch eine Selbstliebe, Selbstfürsorge! Bedanke dich bei dir selbst dafür! Vielleicht streichst du dir selbst liebevoll über die Wange.
Berühre dich. Fühle dich.

5

Schließe zum Abschluss die Augen und stelle dir vor, wie goldenes Licht auf dich regnet. Reibe dich, wie beim Duschen, am ganzen Körper mit diesem wundervollen goldenen Licht ein. Nimm es in deine Zellen auf und schließe damit das Ritual ab.

Secret
Love

Ein Ritual für Paare

Mit diesem Kakaoritual kannst du dein Liebesleben auf das nächste Level heben. Bei diesem ersten Satz denken sicher viele an ausgefallene Techniken, Optimierung und dass man mehr tun muss, um ein gutes Liebesleben zu haben. In meinen Augen geht es genau um das Gegenteil. Es geht darum, den Druck herauszunehmen, allen Schnickschnack wegzulassen und mit einem anderen Menschen einfach zu SEIN. Dieses Ritual hilft euch dabei, einander mit offenem Herzen wirklich wahrzunehmen.

Vorbereitung zum Ritual

Macht es euch gemütlich, zündet Kerzen an,
stellt Blumen in eure Nähe und spielt leise Musik ab.
Legt euch etwas zu schreiben bereit.
Bereitet euren Ritual Cacao am besten gemeinsam zu
und lasst das bereits Teil des Rituals sein. Beobachtet eure Dynamik,
ohne zu werten.
Setzt euch voreinander in einen aufrechten Sitz.

Beginne dein Ritual

1

Schließt die Augen und spürt in euch hinein und fragt euch:
»Was ist mein Wunsch / meine Intention für das heutige Ritual?
Wie möchte ich mich in Bezug auf die andere Person
nach dem Ritual fühlen?«
Teilt eure Wünsche mit geschlossenen Augen
und gebt diese so auch in den Kakao.

2

Trinkt den Kakao Schluck für Schluck und atmet bewusst.
Jede*r kommt ganz bei sich an.

3

Erst dürfen wir mit uns selbst verbunden sein,
unsere eigenen Wünsche und Bedürfnisse klar spüren, um dann aus
der Klarheit und Fülle in den Kontakt nach außen zu gehen.

4

Wenn sich jede*r von euch angekommen und entspannt fühlt,
könnt ihr die Augen öffnen. Schau in die Augen deines Gegenübers
und versuche, dich durch diesen Kontakt noch mehr selbst zu spüren.
Wie fühlst du dich? Wie fühlt sich dein Herz an?
Es geht nicht darum, was der oder die andere denkt.
Nutze die Augen deines Herzensmenschen,
um dich selbst noch mehr zu spüren.

5

Schließt die Augen wieder. Beim nächsten Augenöffnen
schau dein Gegenüber mit dem Herzen an.
Teile das erste Wort oder den ersten Satz, der dir kommt,
wenn du die andere Person so wahrnimmst.

6

Verratet euch ein Geheimnis. Egal, wie klein oder groß – irgendetwas,
was der/die andere noch nicht von dir weiß.

7

Schließt das Ritual ab, indem ihr euch ein geheimes Zeichen
ausdenkt, das nur ihr kennt und euch an dieses Ritual erinnert.
Diese Zeichen könnt ihr nutzen, um euch
gegenseitig an das Gefühl von Liebe und Verbundenheit
zu erinnern, wenn es gebraucht wird.

Guten Morgen

Starte kraftvoll in den Tag mit Kakao

Manche Leute meinen, dass sie einfach keine Zeit
für ein Kakaoritual haben, es erscheint ihnen sehr aufwendig.
Kakaorituale sollen jedoch auch in deinem Alltag möglich sein.
Deshalb stellen wir dir hier ein kleines, aber effektives Morgenritual vor.
Fülle dich bereits am Morgen mit dieser herzöffnenden Medizin,
und setze eine Intention für deinen Tag:
Das ist ein absoluter Gamechanger.

Vorbereitung zum Ritual

Bereite dir deinen Kakao zu und begib dich zu dem Platz, wo du das Ritual durchführen möchtest. Stell den Kakao erst einmal ab und strecke dich. Schüttle danach alles von dir ab, was du nicht in diesen Tag mitnehmen möchtest. Du kannst dir dafür auch kraftvolle Musik anmachen. Bleibe so lange dabei, bis du dich leer fühlst, sodass du dich mit neuen Gedanken und Gefühlen füllen kannst.

Beginne dein Ritual

1

Setze dich und rieche an deinem Kakao.
Verbinde dich tief mit dem Spirit dieser Pflanze.

2

Lege eine Hand auf dein Herz und frage dich:
»Was kann ich mir heute Gutes tun?«
»Was kann ich heute machen, um das Leben anderer zu bereichern?«
»Mit welchem Gefühl möchte ich durch den heutigen Tag gehen?«

3

Gib eine oder mehrere dieser Antworten in deinen Kakao. Trinke danach Schluck für Schluck deine Tasse leer.

4

Setze dich aufrecht hin und stell dir vor,
wie von oben ein goldener Wasserfall über deinen Kopf
und deinen ganzen Körper geht. Er reinigt dich
und lädt dich mit neuer Lebensenergie auf.

5

Welche Stelle deines Körpers fühlt sich gerade besonders gut
und entspannt an? Lege deine Hand auf diese Stelle
und drücke ein bisschen fester. So setzt du dir einen Anker.
Lass die Hand dort liegen, während du den Kakao
und die Kraft des Wasserfalls in dir spürst und sich deine innere
Ruhe weiter verstärkt.

6

Bleibe so lange in diesem Gefühl,
bis es sich für dich komplett anfühlt und du aufgeladen in deinen Tag
starten kannst. Bedanke dich beim Cacao Spirit
und schließe das Ritual ab.

*Immer wenn du im Laufe des Tages das Gefühl hast,
etwas Support und Entspannung zu brauchen,
drücke die Stelle, die sich während des Rituals besonders gut
und entspannt angefühlt hat – deinen Anker.*

Nachmittags-
booster

Ein Ritual gegen das Tagestief

Kennst du auch das berühmte Nachmittagstief?

Kakao kann dir sehr gut dagegen helfen.

Das Schöne dabei ist, dass er dich angenehm wach macht

und zudem deine Kreativität fördern kann.

Deshalb habe ich dieses Kakao-Booster-Ritual kreiert.

Ich lade dich damit ein, deine Batterien wieder aufzuladen,

um mit neuer Kraft in die zweite Tageshälfte zu starten.

Das ist für alle etwas, ganz gleich, ob du von zu Hause oder im Büro

arbeitest, aber auch ein starker Energieschub für die Mamas,

Papas und Künstler*innen unter uns.

Vorbereitung zum Ritual

Mache eine Pause von dem, was du tust.
Atme einige Male tief ein und aus. Bereite dir danach mit viel Liebe deinen Kakao zu. Suche dir einen ruhigen Ort, am besten nicht den Platz, an dem du gerade gearbeitet hast oder wo du sonst immer bist.
Nimm dir Zeit, dort und in diesem Moment anzukommen.
Am besten setzt du dich in einen aufrechten Sitz.
Schließe die Augen.

Beginne dein Ritual

1

Sprich eine Intention in deinen Kakao.
Diese kann etwas ganz Einfaches sein, etwa: »Kakao, schenke mir Kraft und Inspiration für den Rest des Tages.«

2

Trinke deinen Kakao und denke an eine Sache, die du heute schon geschafft hast, die dir gut gelungen ist.
Feiere und lobe dich innerlich einmal dafür. Du kannst dir dabei auch auf die Schulter klopfen.

3

Nimm dir ein paar Minuten in der Stille und spüre deinen Körper.
Du kannst am Kopf anfangen und von dort mit deiner Aufmerksamkeit bis hinunter zu den Füßen wandern.

Bei einem zweiten Durchgang stellst du dir nun vor,
wie alle Stressgedanken aus deinem Kopf und aus deinem ganzen
System nach unten in die Füße fließen.
Von dort lässt du sie in die Erde abfließen.
Wiederhole dies so lange, bis du dich frei und leicht fühlst.

4

Spüre die belebende Energie des Kakaos in dir
und frage dein Inneres: Worauf hast du jetzt richtig Lust?

5

Öffne die Augen und verteile den Kakao
und die aufgekommene Energie in deinem ganzen Körper.
Gehe für eine Weile dem nach, worauf dein Inneres Lust hatte,
bevor du dich wieder deinem Alltag hingibst.
Das kann, wenn du vielleicht im Büro bist,
auch etwas ganz Einfaches sein, wie kurz an die frische Luft zu gehen
oder deinen Lieblingskunden anzurufen.

6

Danke dem Kakao und starte voller Energie
in die zweite Tageshälfte.

Abendruhe

Ritual für einen friedlichen Abschluss

Durch das enthaltene Theobromin und Koffein im Kakao wirkt er oft belebend. Es wird jedoch gesagt, Kakao gibt dir immer, was du brauchst, und diese Erfahrung habe ich auch gemacht. Deshalb kann er dich auch gut erden und entspannen, wenn das für dich gerade dran ist beziehungsweise du diese Intention setzt.

Beschränke die Kakaodosis für dieses Abendritual auf 15 bis 20 Gramm.

Lass uns deinen Tag in Ruhe und Frieden abschließen.

Vorbereitung zum Ritual

Mache dir einen wohltuenden Kakao mit 15 bis 20 Gramm Kakao. Du kannst auch beruhigende Gewürze wie Lavendel oder Ashwagandawurzel hinzufügen.
Lege dir etwas zu schreiben bereit und kuschle dich auf deinem Lieblingsplatz ein. Vielleicht magst du dir auch Kerzen und leise Musik anmachen.
Nimm dir viel Zeit, zur Ruhe zu kommen, und lass die Gedanken des Tages an dir vorbeiziehen. Am besten schließt du dafür die Augen und nimmst ein paar tiefe Atemzüge in dein Herz.

Beginne dein Ritual

1

Öffne die Augen und schaue in deine Kakaotasse. Wie sieht der Kakao heute aus? Wie riecht er? Wie fühlt sich die Wärme der Tasse an? Halte auch dein Ohr an die Tasse und lausche einmal, was der Cacao Spirit dir zuflüstert.

2

Gib eine Intention in den Kakao. Das kann so etwas sein wie: »Ich schließe den Tag in Frieden und Liebe ab. Ich vergebe mir und anderen für alles, was nicht so schön gelaufen ist, und bin dankbar für alle Geschenke, die ich heute empfangen durfte.«

3

Schließe deine Augen wieder und trinke deinen Kakao. Spüre bei jedem Schluck, wie das warme Getränk und damit innere Ruhe und Frieden in dich hineingehen.

4

Frage dein Inneres: »Was war heute besonders schön?« Und: »Was war weniger schön und darf sich vielleicht verändern?« Lass Bilder aufsteigen und nimm jede einzelne Situation mit dem Herzen an. Umarme alle Erfahrungen, die du gemacht hast, denn sie sind Teil deines Lebens, und nichts passiert ohne Grund.

5

Lade Gefühle wie Ruhe, Entspannung, Wohlwollen, Liebe in deinen Körper ein und fülle jede Zelle deines Körpers damit.

6

Bedanke dich bei dir und dem Kakao und öffne die Augen, um so das Ritual zu beenden.

Falls du dich hinlegst und nicht gleich schlafen kannst, führe das Ritual weiter. Atme sanft in dein Herz. Achte auch auf deine Träume. Denn der Kakao arbeitet hier in deinem Unterbewusstsein weiter.

Zum Geburtstag

Ein besonderer Moment an deinem Tag

Früher bedeutete Geburtstag für mich: viele Gäste, viel Essen und viel Trubel. Mehr und mehr lernte ich, die Einfachheit zu schätzen, und seitdem bin ich gerne auch mal nur mit mir alleine.

Auch an meinem Geburtstag liebe ich den Moment am Morgen, an dem ich nur für mich bin, bevor im Laufe des Tages mehr Menschen hinzukommen.

Ob du mit vielen oder wenigen Menschen deinen Tag feierst: Hiermit bist du eingeladen, dir ein bisschen Zeit nur für dich zu nehmen und dieses Kakaoritual zu genießen.

Vorbereitung zum Ritual

Bereite dir einen leckeren Kakao zu und fülle ihn in deine Lieblingstasse. Lege dir eine Kerze, Feuer und etwas zu schreiben zurecht. Setze dich an einen schönen Platz. Nun kannst du für ein paar Momente einfach nur sein und die Ruhe genießen. Nimm ein paar tiefe Atemzüge in dein Herz.

Beginne dein Ritual

1

Zünde dir deine Geburtstagskerze an und schaue zwei Minuten lang in die Flamme. Atme dabei ruhig und entspannt.

2

Nimm das Leuchten der Kerze wahr und spüre in deinem Herzen das Leuchten. Spüre dein Herz, und frage es, was es sich heute an diesem besonderen Tag für dich wünscht. Die erste Antwort, die kommt, gibst du in deinen Kakao.

3

Sprich diesen Wunsch in deine Tasse und nimm den ersten Schluck Kakao. Spüre, wie beim Trinken der Wunsch eins wird mit dir.

4

Richte deine Aufmerksamkeit noch mal auf die Flamme. Stell dir vor, wie von deinem Herzen zu der Flamme eine

Verbindung entsteht. Lade dein Herz mit dem flammenden Leuchten der Kerze auf. Bringe es mehr und mehr zum Brennen.

5

Lass deinen ganzen Körper von Licht und Wärme durchfluten. Der Kakao hilft dir, diese Gefühle noch stärker wahrzunehmen.

6

Sage dir selbst: »Ich bin Licht – ich bin Liebe – danke, dass ich auf dieser Welt mein Licht scheinen lasse.«

7

Sitze noch einige Minuten mit geschlossenen Augen in Stille und spüre den Kakao in deinem Körper. Vielleicht kommen noch Bilder oder Gefühle, die am heutigen Tag für dich wichtig sind.

8

Mache am Ende des Rituals dein Lieblingslied an und bewege dich dazu. Feiere dich selbst und dass du am Leben bist. – Was könnte ein schöneres Geschenk sein?

Loslassen

Schaffe Platz für Neues

Es ist sehr sinnvoll, von Zeit zu Zeit in sich zu gehen,
um zu schauen, was nicht mehr in unser Leben gehört.
Nur so können wir Platz für Neues schaffen.
Hierbei ist es besonders wichtig, dass wir nicht mit Groll
und Widerstand Dinge oder Menschen loslassen wollen,
sondern in Annahme, Dankbarkeit und Liebe.
Dies macht einen großen Unterschied und meist geht es auch nur so.
Aus diesem Grund haben wir dieses Loslass-Kakaoritual
für dich gestaltet.

Vorbereitung zum Ritual

Bereite dir deinen Kakao zu und suche dir einen schönen Platz für dein Ritual. Schließe die Augen und rufe dir wichtige Ereignisse der letzten Wochen oder Monate in dein Bewusstsein. Atme ruhig ein und aus und lass alles kommen, was gesehen werden möchte.

Beginne dein Ritual

1

Atme ruhig und tief in dein Herz und lasse eine Intention kommen. Diese kann etwas sein wie: »Ich fülle meinen Körper mit Dankbarkeit für die Erfahrungen, die ich gemacht habe, und lasse los, was nicht mehr im Einklang mit meiner Essenz ist.«

2

Trinke deinen Kakao und atme bewusst ein und aus. Stell dir vor, wie du mit jedem Einatmen Dankbarkeit und Freude in dich aufnimmst und mit jedem Ausatmen etwas loslässt, was nicht mehr zu dir gehört. Schaue, was für Bilder kommen. Frage dich auch: »Was passt nicht mehr zu der Version, die ich bin/sein möchte?«

3

Stell dir vor, du stehst an einem See. Du schaust in die Ferne und siehst die endlose Weite.

Frage dich dann: »Woran halte ich noch fest, obwohl ich weiß, dass es Zeit ist, es zu einem Abschluss zu bringen? Was zieht mir mehr Energie, als dass es mir welche schenkt?« Stell dir vor, wie du all das in ein Boot legst, und schau zu, wie es davonschwimmt. Spüre, wie du innerlich leichter wirst und Platz entsteht.

4

Öffne deine Augen und schreibe auf, was du gesehen hast. Was darf losgelassen werden? Schreibe jede Sache auf einen extra Zettel. Du kannst daraus dann Papierboote machen und deine Boote beim nächsten Spaziergang einem Fluss oder See übergeben.

5

Spüre zum Abschluss noch mal in dein Herz und sage dir folgenden Satz: »Ich lasse in Dankbarkeit und Liebe los, was ich zum Abschluss gebracht habe und/oder nicht mehr zu mir gehört. Ich mache Platz für das, was für mich bestimmt ist, zum höchsten Wohle aller.« Mit diesen Worten kannst du das Ritual beenden.

Inneres-Kind-Ritual

Komm in Kontakt mit deinem Sonnen- und Schattenkind

Kakao ist ein wundervoller Begleiter bei der Arbeit mit dem Inneren Kind. Das Kind in dir ist symbolisch gemeint für Anteile, welche du in früher Kindheit entwickelt hast und welche dich bis ins Erwachsenenalter begleiten können. Oftmals haben diese Anteile Auswirkungen auf unser Leben, ohne dass wir uns bewusst sind, woher sie kommen.

Mit diesem Kakaoritual möchten wir mehr Bewusstsein dafür schaffen und sowohl dein Inneres Schatten- als auch dein Sonnenkind einladen. Wenn du all diesen Anteilen Aufmerksamkeit schenkst, kann sich ein Gefühl der Ganzheit in dir einstellen.

Vorbereitung zum Ritual

*Mache dir einen Kakao. Lege dir Schreibzeug bereit.
Begib dich an einen Ort, an dem du dich wohl- und sicher fühlst.
Setze dich aufrecht hin. Atme tief ein und aus. Entspanne. Schließe die Augen und richte deine Aufmerksamkeit auf dein Herz.*

Beginne dein Ritual

1

Lade den Kakao ein, dich bei dem heutigen Ritual zu halten und zu unterstützen, und sprich eine Intention in den Kakao. Dies könnte so etwas sein wie: »Ich verbinde mich heute mit meinem Inneren Kind, um Liebe und Heilung einzuladen. Der Cacao Spirit unterstützt mich bei diesem Vorhaben.«

2

Trinke deinen Kakao und stelle dir vor, wie du dich mit jedem Schluck für dein Inneres öffnest.

3

Stelle dir einen Ort vor, an dem du dich vollkommen sicher fühlst. Wenn du dich dort angekommen fühlst, lade dein Inneres Schattenkind hierher ein.

Dieses Innere Kind zeigt dir deine noch verletzten Anteile, sodass diese an die Oberfläche kommen können, um geheilt zu werden.

4

Nimm Verbindung zu deinem Schattenkind auf. Schau ihm/ihr in die Augen und frage, was es über sich beziehungsweise dich glaubt. Das Erste, was kommt, ist das Richtige.

5

Lade nun auch dein Sonnenkind ein und nimm auch hier Kontakt auf. Was passiert hierbei?

6

Das Sonnenkind kommt mit allen positiven Prägungen und Erinnerungen aus deiner Kindheit.

7

Frage diese beiden Anteile nacheinander, was sie sich von dir wünschen beziehungsweise dich lehren möchten.

8

Schau, wie du dich verabschieden magst: Vielleicht möchtet ihr drei euch in die Arme nehmen oder in die Augen schauen? Oder möchtet ihr etwas anderes?

9

Komme langsam wieder zurück. Bedanke dich bei deinen Inneren Kindern und dem Kakao und schließe damit dieses Ritual ab.

Manifestations-ritual

Aus deinem Herzen in dein Leben

Manifestieren bedeutet, etwas von der fein- in die feststoffliche Welt zu bringen, sozusagen deine Gedanken und Wünsche Realität werden zu lassen. Da hier das Unterbewusstsein eine große Rolle spielt, dürfen wir uns in die Gefühle und die Schwingung von dem bringen, was wir anziehen möchten.

Hierbei nutzen wir die Kraft des Kakaos, welcher uns heraus aus dem Verstand und hinein in das Herz und ins Gefühl bringt.

In diesem Zustand können wir zum Magnet für all das werden, was wir uns von Herzen wünschen.

Vorbereitung zum Ritual

Bereite dir einen schönen Platz vor, mit allem, was dir ein Gefühl von Fülle gibt. Lege dir etwas zu schreiben und einen Kraftgegenstand bereit. Mache dir Musik an, welche positive Gefühle in dir auslöst, und bereite deinen Kakao zu, während du diese Musik hörst. Komme an deinem vorbereiteten Platz zur Ruhe und nimm ein paar tiefe Atemzüge in dein Herz. Atme Anspannung aus und Entspannung und Ruhe ein.

Beginne dein Ritual

1

Schließe die Augen und gib deine Intention in den Kakao. Öffne dich dabei für deine Schöpferkraft und für alles, was dir hilft, deine Herzenswünsche klar wahrzunehmen und diese anzuziehen.

2

Trinke deinen Kakao Schluck für Schluck und stelle dir vor, wie der Kakao alle Gefühle des Mangels aus deinem System spült.

3

Frage dein Inneres: »Was möchte im Einklang mit meinem Herzen in mein Leben kommen? Was sind meine Herzenswünsche?«

4

Lasse zu diesen Wünschen Bilder und Gefühle aufsteigen. Wie fühlt es sich an, wenn all das bereits in deinem Leben ist?

5

Sage dir innerlich: »Alle Zellen meines Körpers füllen sich hier und jetzt mit diesen Gefühlen und deren Schwingung.«

6

Nimm nun deinen Kraftgegenstand und stell dir vor, wie durch deine Hände all diese Bilder und damit verbundenen Gefühle in diesen Gegenstand fließen.

Dieser Gegenstand wird dir von nun an als Hilfe dienen. Jedes Mal, wenn du ihn anfasst, erinnerst du dich an die Gefühle aus diesem Ritual. Verbinde dich in den nächsten Wochen jeden Tag einmal damit.

7

Bedanke dich für alles, was du gesehen hast, so als hätte es schon in dein Leben Einzug gehalten.

Ausklang

Kakao nimmt dich in den Arm, drückt dich zärtlich und fest und gibt dir Halt für alles, was dann kommen darf. Bei unseren Ritualen steht immer die Verbindung zu deinem Selbst im Vordergrund. So hoffen wir, dass die Rituale dir gefallen haben und dich auch weiterhin bereichern werden. Doch du kannst alle Rituale natürlich auch abwandeln, sodass sie genau in dem Moment genau zu dir passen. Und vielleicht hast du ja auch einen Favoriten, den du gerne häufiger anwendest.

Wir sind uns sicher, dass du deinen persönlichen Weg findest, wie du mit dieser wunderbaren Pflanze in Kontakt treten möchtest.

Danke, dass du mit uns auf die Reise gegangen bist, um mehr über Kakao zu lernen und auch uns ein bisschen besser kennenzulernen. Falls du noch etwas über uns und unsere Arbeit mit Kakao erfahren möchtest, schaue gerne bei www.cacaoloves.me vorbei. Wir freuen uns, wenn sich unsere Wege irgendwo im Kakaouniversum wieder kreuzen.

In Liebe und Verbundenheit,
Leni & Felix

Über die Autorin

Leni Glapa wurde 1988 in Wertheim geboren. Ihre Kindheit und Jugend verbrachte sie in einem kleinen Ort in Unterfranken, bis sie für ihr BWL- und Management-Studium nach Osnabrück ging. Von dort aus ging es nach Berlin, um in einer Event- und Kongressagentur zu arbeiten. Doch das Angestelltenverhältnis entsprach nicht ihrer Natur. Sie machte sich im Bereich Eventmanagement und später mit Coachings und Workshops selbstständig.

Über den Autor

Felix Eidner wurde 1980 geboren und ist in Süddeutschland aufgewachsen. Seit seiner Jugend hat Felix zwei Interessengebiete: Umweltschutz und Meditation. Neben dem Studium im Bereich Umweltmanagement gründete er mit dem Ziel, einen positiven Impact zu haben, mehrere Unternehmen. Auch seine Erfahrung als Meditationstrainer kann Felix bei Cacaoloves.me einbringen.

Über Cacaoloves.me

Leni & Felix gründeten 2019 Cacaolvoes.me, um Bio-Kakao und Rituale anzubieten. Mittlerweile erreichen sie damit Menschen in ganz Europa. Ihre Mission ist es, die ursprüngliche Anwendung von Kakao so vielen Menschen wie möglich zugänglich zu machen, um zu einer verbundenen und liebevollen Welt beizutragen.

LIEBE LESERINNEN UND LESER,

wir wollen Ihnen mit diesem Buch Informationen und Anregungen geben, um Ihnen das Leben zu erleichtern oder Sie zu inspirieren, Neues auszuprobieren. Wir achten bei der Erstellung unserer Bücher auf Aktualität und stellen höchste Ansprüche an Inhalt und Gestaltung. Alle Anleitungen, Übungen oder Rezepte werden von unseren Autoren, jeweils Experten auf ihren Gebieten, gewissenhaft erstellt und von unseren Redakteur*innen mit größter Sorgfalt ausgewählt und geprüft.

Haben wir Ihre Erwartungen erfüllt? Sind Sie mit diesem Buch und seinen Inhalten zufrieden? Wir freuen uns auf Ihre Rückmeldung. Und wir freuen uns, wenn Sie diesen Titel weiterempfehlen, in Ihrem Freundeskreis oder bei Ihrem Online-Kauf.

Sollten wir Ihre Erwartungen so gar nicht erfüllt haben, tauschen wir Ihnen Ihr Buch jederzeit gegen ein gleichwertiges zum gleichen oder ähnlichen Thema um.

KONTAKT ZUM LESERSERVICE

GRÄFE UND UNZER VERLAG
Grillparzerstraße 12
81675 München
www.gu.de

GRÄFE UND UNZER

Ein Unternehmen der GANSKE VERLAGSGRUPPE

Impressum

unum

unum ist eine eingetragene Marke der GRÄFE UND UNZER VERLAG GmbH, www.gu.de

ISBN 978-3-8338-9299-8

2. Auflage 2024

Projektleitung: Anja Schmidt

Lektorat: Imke Rötger

Bildredaktion: Simone Hoffmann, Felix Eidner

Umschlaggestaltung: ki36 Editorial Design, Anika Neudert (nach einer Vorlage von Felix Eidner)

Herstellung: Renate Hutt

Satz und Layout der Innenseiten: griesbeckdesign, Dorothee Griesbeck

Reproduktion: Longo AG, Bozen

Druck und Bindung: DZS Grafik, Slowenien

Umwelthinweis:

Nachhaltigkeit ist uns sehr wichtig. Der Rohstoff Papier ist in der Buchproduktion hierfür von entscheidender Bedeutung. Daher ist dieses Buch auf PEFC-zertifiziertem Papier gedruckt. PEFC garantiert, dass ökologische, soziale und ökonomische Aspekte in der Verarbeitungskette unabhängig überwacht werden und lückenlos nachvollziehbar sind.

Bildnachweis:

Cover: Cacaoloves.me

Fotos:

Ngoc An Cao: S. 148; Cacaoloves.me: S. 66, 88, 94, 110, 134, 138, 144, 156, 160, 168, 184, 189; Viktoria Gaus: S. 106, 118, 122, 126, 130; Katharina Graff-Haberbosch: S. 90, 102, 114; Naomi Hattler: S. 140, 164, 172, 176; Marina Mangold: S. 64, 180; Müller: S. 152; Aileen Rogge: S. 26, 98; Lisa Weinhold: S. 6

Illustrationen:

Adobe Stock: S. 15, 30, 42, 51, 52, 53, 54, 63, 76, 187, 15, 76, 179, 187; Cacaoloves.me: S. 1, 8, 11, 19, 22, 25, 32, 37, 48, 57, 58, 60, 70, 72, 83, 84, 109, 129, 143, 147, 167, 175, 190; Reko: S. 16, 29, 113, 117, 125, 133; Reko Design: S. 35, 39, 47, 61, 71, 78, 82, 86, 105, 121

Syndication: Bildagentur Image Professionals GmbH, Tumblingerstr. 32, 80337 München www.imageprofessionals.com

Die unum-Homepage finden Sie unter: www.unum-verlag.de